造形実験

新しい美術の授業を始めよう！

三澤一実＝編

三澤一実
東良雅人
小山美香子
小西悟士
田中真二朗
大黒洋平
南弥緒
高安弘大
鈴木彩子＝著

武蔵野美術大学出版局

目次

はじめに

造形実験は「教師」を大きく変える。それまで味わったことのないドキドキ感と、感嘆！で、毎時間の授業が待ち遠しくなる。造形実験では本来の美術がもつダイナミズムが実感でき、これまでに矮小化され硬直化してしまった題材をしなやかに、そして豊かに膨らませてくれる授業なのである。

と、書くと、「それはすごい」とか、「そんなことできるのかよ」と言われるかもしれない。確かに、このような感動は一人一人の価値観や感じ方によるものだから、すべての人がそう思うのかと問われれば、「すいません、言い過ぎました」と、いったん謝ることにして、「でもね…」と私は話を続けるだろう。

造形実験はかつて行った私自身の授業体験から、時間をかけてようやく形になってきた実践と理論である。発想の源流をたどると四半世紀に近い。これまで造形実験について、ずーっと考えてきたということではない。ある時まで過去に実施した中学校の授業として記憶の奥に置かれていたが、決して忘れることなく頭の片隅でくすぶっていた。中学校で教えた最後の授業から二二年経ち、その燃えさしがまた燃え出したのである。その切っ掛けは二〇一六（平成二八）年の中学校学習指導要領解説作成における協力者会議であった。

学習指導要領解説作成協力者会議では学習指導要領解説の文章を検討していた。資質・能力の獲得方法などについての議論や、解説文の言い回しの検討など、議論が深まれば深まるほど、私の中に「知識」習得の手だてはこれまでのA表現B鑑賞の学習構造だけで充実するのであろうかという疑問が湧いてきた。

二〇一七（平成二九）年告示の学習指導要領では、それまでの四観点が三つの柱（資質・能力）に整理され、新たに知識として〔共通事項〕が位置づけられたことが大きな出来事となった。それまでは「鑑賞の能力」が美術の「知識」に位置づけられていたが、国は「鑑賞の能力」を積極的に美術の「知識」だと主張することもなく、他教科に合わせて、「まぁ、美術の知識は鑑賞の能力かなぁ」程度に考えられていたのではなかろうか（これは個人的な見解である）。

一九九八（平成一〇）年告示の学習指導要領改訂を機に始まったいわゆる学力低下論争の結果、二〇〇七（平成一九）年に学力を学校教育法三〇条第二項に法制化して整えた日本の教育。現行二〇一七（平成二九）年の学習指導要領はその法律を反映させた初の学習指導要領になったのである。

さて、明日からの未来を想像してみよう。そこでは日々進化する人工知能や、人々の新たな創造物によっておきる私たちの価値観の変化は容易に想像できるだろう。今までも時代とともに人々の価値観は変化してきたが、その変化の振れ幅とスピードが私たちの想定を簡単に超えていくのは想像に難くない。一方、時代が変わろうとも変化しない価値や能力もある。その一つに美術の「知識」がある。

それは人類が今まで連綿と繰り返してきた、自然やものへの造形的な見立てや価値づけであり、その時々の人々の感情と結びつけられたりしながら、話し言葉を超え、イメージを伝える造形的な言語として身体化・知識化されてきたという事実である。たとえば美しいとか、心地よいとか、かっこいいとか、そのような感情に訴える言葉の根拠になる造形が持つ意味（言葉）である。私たちはそれらを意識することで美意識を育てたり、美術文化として継承したりしてきているが、基本的にそれらは個人の身体を通して生まれ、他者の共感とともに、社会の中で価値づけられてきたものと言えよう。

新たな創造は知識の産物になる。二〇〇八（平成二〇）年の中央教育審議会答申にこれからの社会は「知識基盤社会」と書かれているが、まさにこのことは疑う余地もないだろう。創造は知識によって生まれるのか?と疑問を持つ人も、知識をいわゆる「形式知」のみならず「暗黙知」まで含めた知識と捉え直してもらえば理解されるだろう。そこには身体を通して生まれる感性も入るからである。

美術の授業では、このような「知識」に該当する〔共通事項〕の習得を「表現及び鑑賞の活動を通して指導する」としているが、実際の授業では表現すること、鑑賞することが目的化されがちである。美術科の学びはもとより資質・能力の育成を目指していたので、今回新たに学習指導要領に示された「知識」を除いては、学校現場の授業改善も進んできている。そして「知識」の習得については、具体的な授業実践が大いにまたれているところである。

今、私たちは美術で育む「知識」の意味を再確認し、美術科が創造的な教科として存在し続けるために新たなチャレンジをしていく時期だと思う。そこで造形実験を通して、何より、生徒がみずから進んで〝美術行為〟に意味や価値をつくり出していく姿勢を育みたいと思うのである。日本中の美術の授業から「先生、これでいいですか」という声をなくしていくのである。

本書では、これからの時代に必要な美術の「知識」を十分に育てるための造形実験の取り組みとして、全国から七名の協力者の実践報告と、理論として現行の学習指導要領等を根拠とした造形実験の考え方を示した。また、各実践報告の扉には、実践の特徴や実践で生まれた問いをリード文として書かせてもらった。読者には大いに批判的に読んでほしいと願っている。

二〇二四年五月

三澤一実

1 〔共通事項〕と造形実験

東良雅人

生成ＡＩの出現は美術教育者に衝撃を与えた。これからも人工知能はものすごいスピードで進化していくだろう。そのような時代において教育は何を目指していったらよいのであろうか。そして美術教育は。

これからの教育を俯瞰し、平成二九年版中学校学習指導要領解説 美術編の作成にあたった筆者が、学習指導要領の理念を踏まえて造形実験を解題する。

〔共通事項〕が生まれた背景

造形実験は、「二〇一七年（平成二九年）告示の中学校学習指導要領美術において「知識」として位置付けられた〔共通事項〕を、造形的な実験を通して実感的に理解し、効率よく習得していく取り組みであり、表現及び鑑賞の基礎となる「知識」の定着を促進させる学習活動」[*1]とされている。

この造形実験についての本題に入る前に、まずは図画工作や美術の授業で指導されている〔共通事項〕について、いまいちど注目しておこう。それは、〔共通事項〕と造形実験には、とても深い関連があるからだ。まずは時計の針を一五年ほど戻してみよう。

〔共通事項〕は、二〇〇八（平成二〇）年改訂の小学校学習指導要領図画工作科、中学校学習指導要領美術科で新設された事項である。その学習指導要領改訂の背景には、新しい知識や情報、技術が政治、経済、文化をはじめ社会のあらゆる領域での活動の基盤として、飛躍的に重要性を増すいわゆる「知識基盤社会」時代到来への対応の必要性があった。また、「知識基盤社会」では、アイデアなどの知識そのものや人材をめぐる国際競争が加速する一方で、異なる文化や文明との共存や国際協力の必要性が求められており、学習指導要領の改訂における議論では、改めて確かな学力、豊かな心、健やかな体の調和を重視する「生きる力」を育むことが重要とされていた。[*2]

そうした背景を持つ二〇〇八（平成二〇）年改訂において、図画工作科、美術科、芸術科（美術、工芸）では、以下の改善の基本方針が示された[*3]（棒線は筆者）。

（i）改善の基本方針

○　図画工作科、美術科、芸術科（美術、工芸）については、その課題を踏まえ、創造することの楽しさを感じるとともに、思考・判断し、表現するなどの造形的な創造活動の基礎的な能力を育てること、生活の中の造形や美術の働き、美術文化に関心をもって、生涯にわたり主体的にかかわっていく態度をはぐくむことなどを重視する。
○　このため、子どもの発達の段階に応じて、各学校段階の内容の連続性に配慮し、育成する資質や能力と学習内容との関係を明確にするとともに、小学校図画工作科、中学校美術科において領域や項目などを通して共通に働く資質や能力を整理し、〔共通事項〕として示す。
○　創造性をはぐくむ造形体験の充実を図りながら、形や色などによるコミュニケーションを通して、生活や社会と豊かにかかわる態度をはぐくみ、生活を美しく豊かにする造形や美術の働きを実感させるような指導を重視する。
○　よさや美しさを鑑賞する喜びを味わうようにするとともに、感じ取る力や思考する力を一層豊かに育てるために、自分の思いを語り合ったり、自分の価値意識をもって批評し合ったりするなど、鑑賞の指導を重視する。
○　美術文化の継承と創造への関心を高めるために、作品などのよさや美しさを主体的に味わう活動や、我が国の美術や文化に関する指導を一層充実する。

二〇〇八（平成二〇）年改訂における〔共通事項〕が目指したもの

先述の改善の基本方針を受けた、改善の具体的事項では、新設する〔共通事項〕について「形や色、材料などから性質や感情、イメージなどを豊かに感じ取る力を育成するため、領域や項目などを通して共通に働く資質や能力を〔共通事項〕として示す。」としている。

中学校美術科では、表現及び鑑賞の各活動において〔共通事項〕を、共通に必要となる資質や能力として、「A表現」及び「B鑑賞」の学習を通して指導するものとし、指導を通して、形や色彩、材料などの性質や、それらがもたらす感情を理解したり、対象のイメージを捉えたりするなどの資質や能力の育成を目指した。「中学校学習指導要領解説 美術編」(二〇〇八〔平成二〇〕年七月)では、〔共通事項〕について以下のように解説している[*4](棒線は筆者)。

色彩についての指導を例にあげると、生徒に色彩に対して特に視点を示さずに対象を見せたときには、色の種類などをとらえる程度で終わってしまうことが少なくない。それに対して、色合いや明るさなどの性質や、それらがもたらす感情などを意識させ、効果を理解させながら対象を見つめさせたときには、別の思いや考えが生まれてくることが多い。〔共通事項〕の視点から発想や構想を促したり、生じたイメージを大切にして鑑賞したりすることにより、感性や美術の創造活動の基礎的な能力が一層豊かに育成されていくことになる。特に、一つの題材の中で同じ〔共通事項〕を基にして、形や色彩、材料などの性質や、それらがもたらす感情などに着目して鑑賞活動を行い、さらに、発想や構想をする表現活動を行うなど〔共通事項〕を柱に表現と鑑賞の活動を関連させることにより、表現や鑑賞の能力は効果的に育成される。

二〇〇八（平成二〇）年改訂の学習指導要領では、学校教育法等に示された学力の重要な要素に基づきながら、各教科等において育成する資質・能力の整理は行われていた。しかし、その後の二〇一七（平成二九）年改訂の学習指導要領のように「知識及び技能」「思考力、判断力、表現力等」「学びに向かう力、人間性等」の三つの柱による明確な整理までは行われていなかった。〔共通事項〕についても、「領域や項目などを通して共通に働く資質や能力」との整理に留まっていた。

そして、二〇一七（平成二九）年改訂の〔共通事項〕についての解説からは、表現及び鑑賞の学習活動において、教科の本質に迫るための共通する「造形的な視点」を示していることや、それらの内容が単に暗記再生することに留まる知識ではなく、実感を伴う理解を通した、「造形的な視点」という概念の習得を目指していたことがわかる。

中学校学習指導要領解説 美術編では、「造形的な視点」とは、「造形を豊かに捉える多様な視点であり、形や色彩、材料や光などの造形の要素に着目してそれらの働きを捉えたり、全体に着目して造形的な特徴などからイメージを捉えたりする視点のことである。」と説明されている。[*5]

「造形的な視点」と造形実験

二〇一七（平成二九）年改訂の学習指導要領では、知・徳・体にわたる「生きる力」を子どもたちに、より一層育むために教科等の目標及び内容を「知識及び技能」「思考力、判断力、表現力等」「学びに向かう力、人間性等」の三つの柱で再整理し、育成を目指す資質・能力の明確化を図った。また、主体的・対話的で深い学びの実現に向けた授業改善を目指す中で、各教科等において身に付けた「知識及び技能」を活用したり、

「思考力、判断力、表現力等」や「学びに向かう力、人間性等」を発揮させたりして、学習の対象となる物事を捉え思考することにより、各教科等の特質に応じた物事を捉える視点や考え方として「見方・考え方」が鍛えられていくことも重要な視点である。

そして生徒が各教科等の特質に応じた「見方・考え方」を働かせながら、知識を相互に関連付けてより深く理解したり、情報を精査して考えを形成したり、問題を見いだして解決策を考えたり、思いや考えを基に創造することに向かうような学びの過程を重視した学習の充実を図ることが求められた。[*6]

中学校美術科では、教科の特質に応じた物事を捉える視点や考え方を「造形的な見方・考え方」とし、感性や想像力を働かせ、対象や事象を「造形的な視点」で捉え、自分としての意味や価値をつくりだすことと定義した。そして〔共通事項〕を「造形的な見方・考え方」の定義の一つである「造形的な視点」を豊かにするための「知識」として再整理し、二〇〇八（平成二〇）年改訂と同様に、表現や鑑賞の学習に必要となる感性や造形感覚などを高めていくことや、「造形的な視点」を豊かに

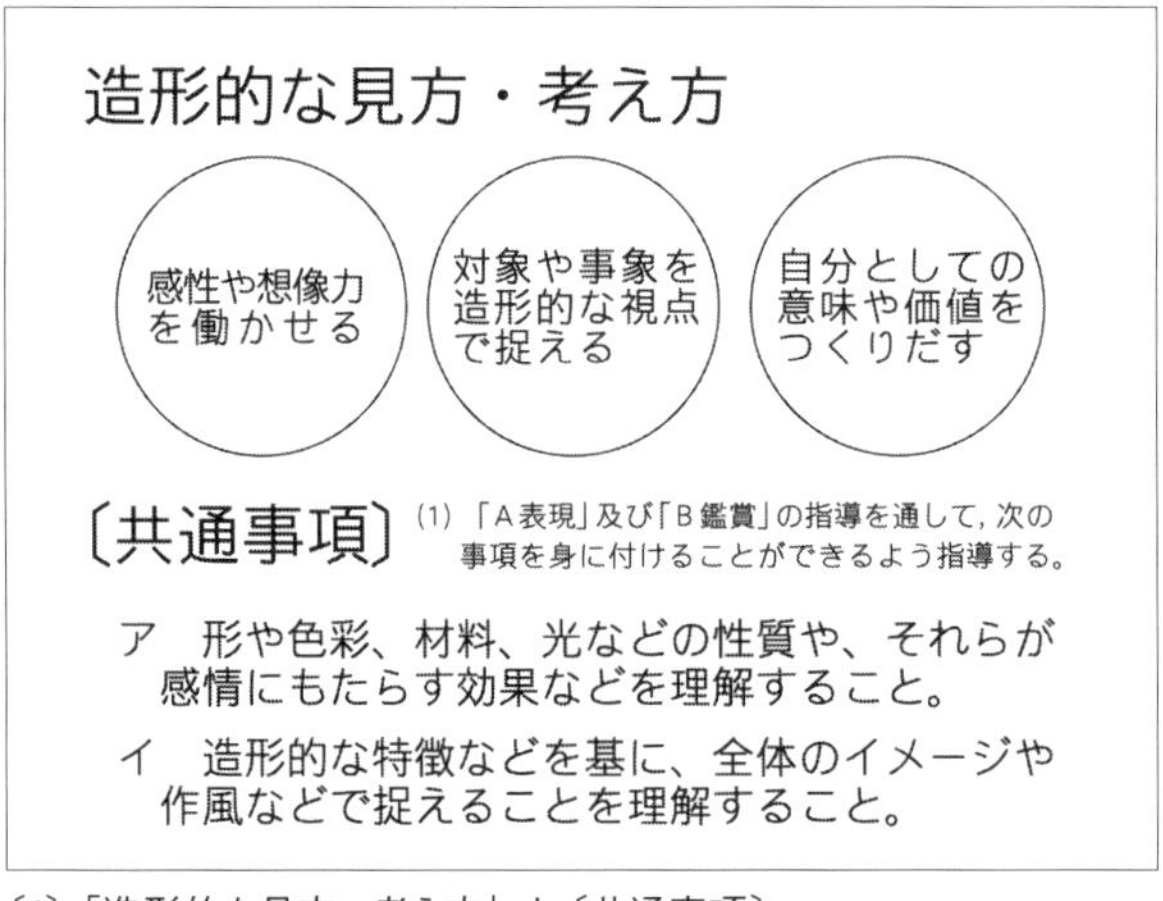
造形的な見方・考え方
感性や想像力を働かせる
対象や事象を造形的な視点で捉える
自分としての意味や価値をつくりだす
〔共通事項〕
(1)「A表現」及び「B鑑賞」の指導を通して，次の事項を身に付けることができるよう指導する。
ア　形や色彩、材料、光などの性質や、それらが感情にもたらす効果などを理解すること。
イ　造形的な特徴などを基に、全体のイメージや作風などで捉えることを理解すること。

〔1〕「造形的な見方・考え方」と〔共通事項〕

持って対象や事象を捉え、創造的に考えを巡らせる資質・能力の育成を目指すこととした〔1〕。「知識」として整理された〔共通事項〕が示す各事項の理解とは、実感を伴いながら理解することである。つまり、各事項に示した内容について、単に新たな事柄として知ることや言葉を暗記、再生することに終始するのではなく、表現及び鑑賞の活動を通して一人一人が感性や想像力などを働かせて様々なことを感じ取りながら、「造形的な視点」について理解し、表現したり鑑賞したりする本質的な学びにつなげていくことが重要であり、ここに造形実験の意義が存在する。

造形実験は、「造形的な視点」の理解の定着を図る取組である。〔共通事項〕に示されている内容を、個別の感じ方や考え方等に応じながら活用し、多様な視点から豊かに美術や美術文化を捉えるなどして、実感を伴いながら理解を深め、生きて働く知識として身に付けることや、新たな学習過程を経験することを通して再構築し、「造形的な視点」という概念の習得へとつながるのである。

暗記再生から概念の習得へ

先述したように、〔共通事項〕に示された「知識」の理解とは、各事項に示した内容について、知識をタワーのように積み上げることに終始するものではない。形や色彩、材料、光などの性質や、それらが感情にもたらす効果、造形的な特徴などから全体のイメージや作風などで捉えるということについて、表現及び鑑賞の活動における発想や構想、鑑賞などの過程を通して知識相互が関連付けられながら、実感を伴って理解することである。

つまり、〔共通事項〕のアとイの事項に示された「造形の要素の働き、全体のイメージや作風で捉えるこ

〔2〕「知識」の暗記再生から活用へ

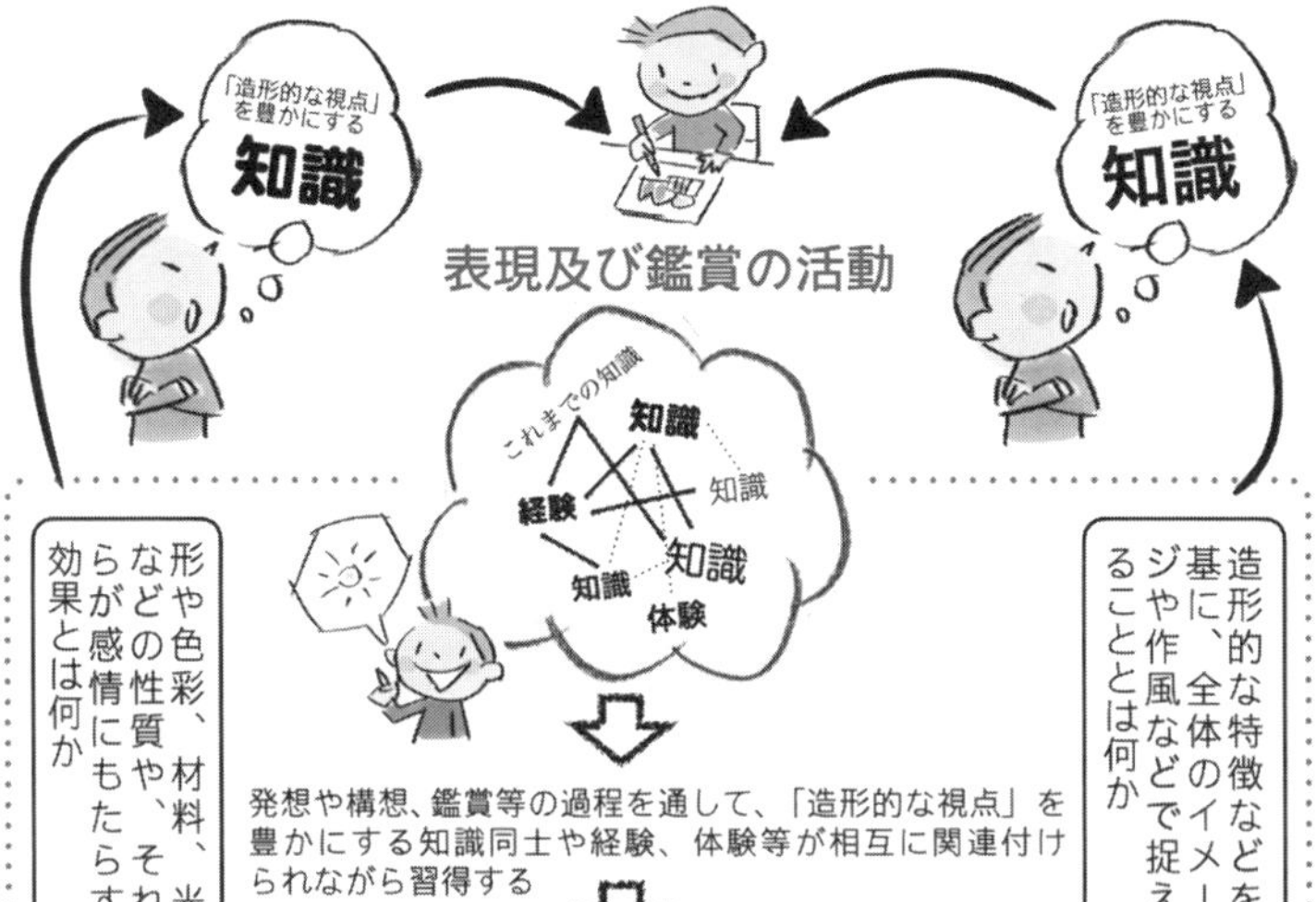

〔3〕「造形的な視点」という概念の習得

ととは何か」という「造形的な視点」を豊かにする知識は、「A表現」における発想や構想や、「B鑑賞」における見方や感じ方を深める学習活動を通して得ることができる。そこで得た知識同士や経験、体験などが相互に関連付けられ、これまで気付かなかった形や色彩などから感じる優しさや、楽しさなどを捉えられるようになったり、造形的な特徴から作風や様式などの文化的な視点で作品を捉えたりできるようになる。こうして知識が「造形的な視点」という概念として習得されていくのだ。

このような〝表現や鑑賞の学習活動〟の過程を造形実験に置き換えることによって「造形的な視点」という概念の習得が促され、生徒一人一人の美術科の本質的な学びを追求することにもつながっていくと考えられる〔2・3〕。

造形実験がつくりだす学習効果

〔共通事項〕の「共通」とは、「A表現」と「B鑑賞」の二領域及びその項目や事項の全てに共通するという意味である。同時に、発想や構想、技能、鑑賞に関する資質・能力に共通して働くという意味を持っている。[*7] その共通性から、本来〔共通事項〕は、「造形的な視点」を豊かにするために必要な知識としての役割とともに、「A表現」の「感じ取ったことや考えたことなどを基にした表現」や「目的や機能などを考えた表現」、「B鑑賞」の「美術作品などに関する鑑賞」や「美術の働きや美術文化に関する鑑賞」を〝創造活動〟としてつなぎ合わせる役割も担っていると考えられる。

二〇一七（平成二九）年改訂の中学校学習指導要領美術科では、「A表現」と「B鑑賞」との相互の関連を図っ

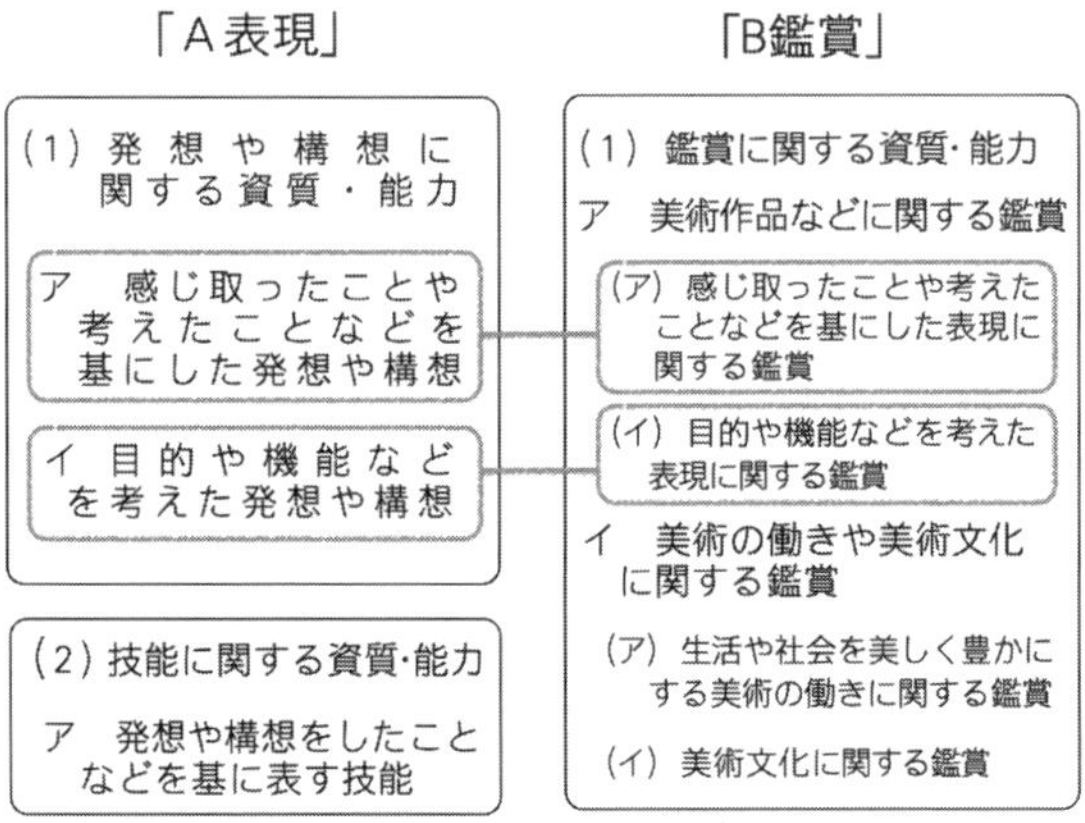

〔4〕表現と鑑賞との相互の関連

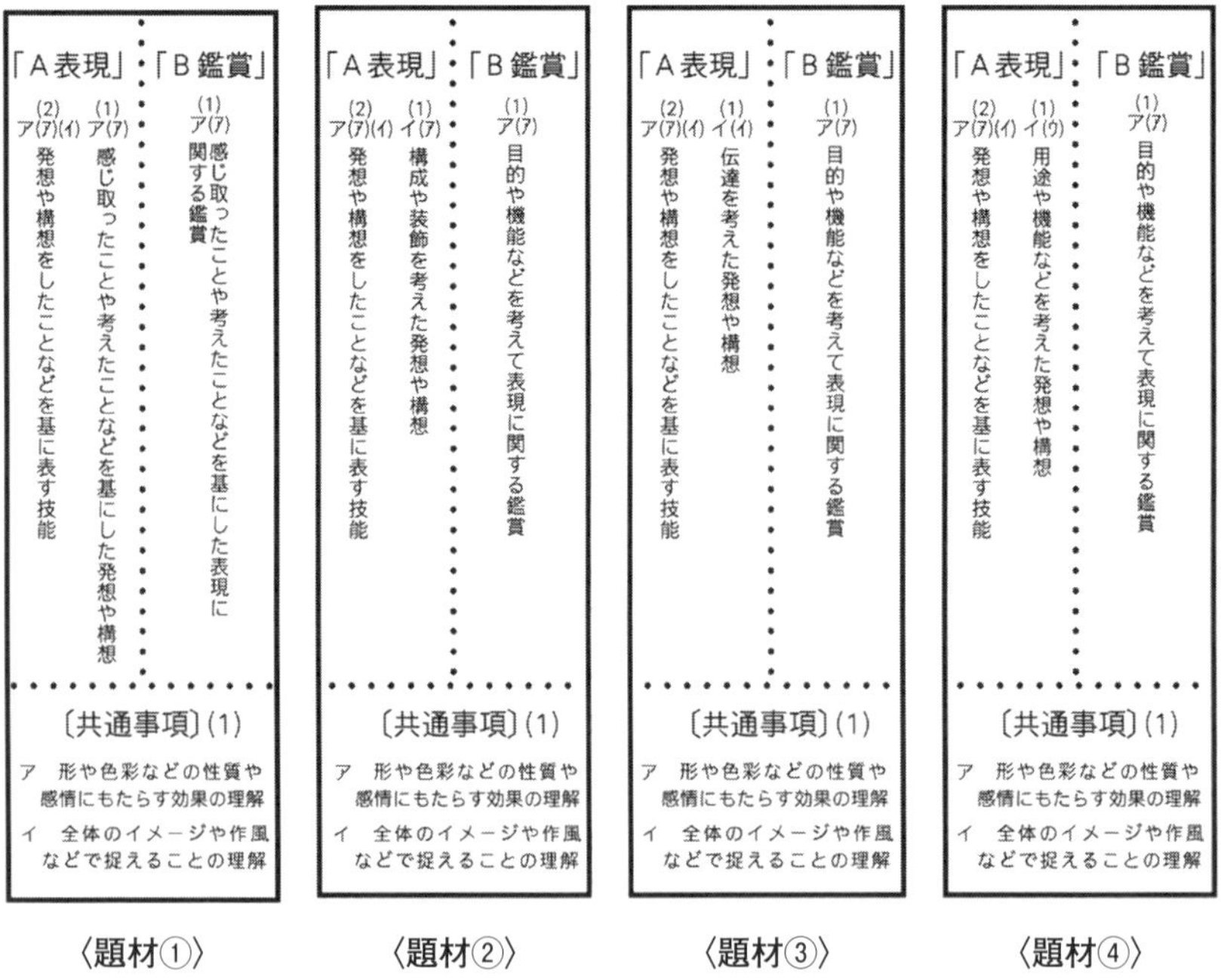

〔5〕縦割り的な構造のイメージ例

た学習活動の改善が求められている〔4〕。しかしながら現実には個別の各題材において表現と鑑賞の相互の関連が図られるようになったものの、指導計画の中で題材配列が縦割りのイメージに留まっていることも少なくない。このような状況の場合、生徒側から見た時には、学習が一つ一つの題材で完結してしまい題材間の学びの連続性が弱くなる。例えば、〔5〕の目的や機能などを考えた表現と鑑賞の〈題材②〉で学習したことが、同様の〈題材③〉の学習でなかなか生かされにくくなる。

仮に〔6〕のように題材配列をレイヤー的に構造化するイメージにすると、それぞれの題材で学んだことを違う題材にも生かしやすくなる。また、全てに共通する〔共通事項〕も、本来の趣旨を生かして複数の題材にまたがって活用されやすくすることで、より「造形的な見方・考え方」を働かせた「造形的な視点」の概念的な理解を深めることが期待できる。造形実験の仕組みは、こうした題材配列のレイヤー的な構造における〔共通事項〕の位置付けと酷似しており、連続した造形体験は、「造形的な見方・考え方」

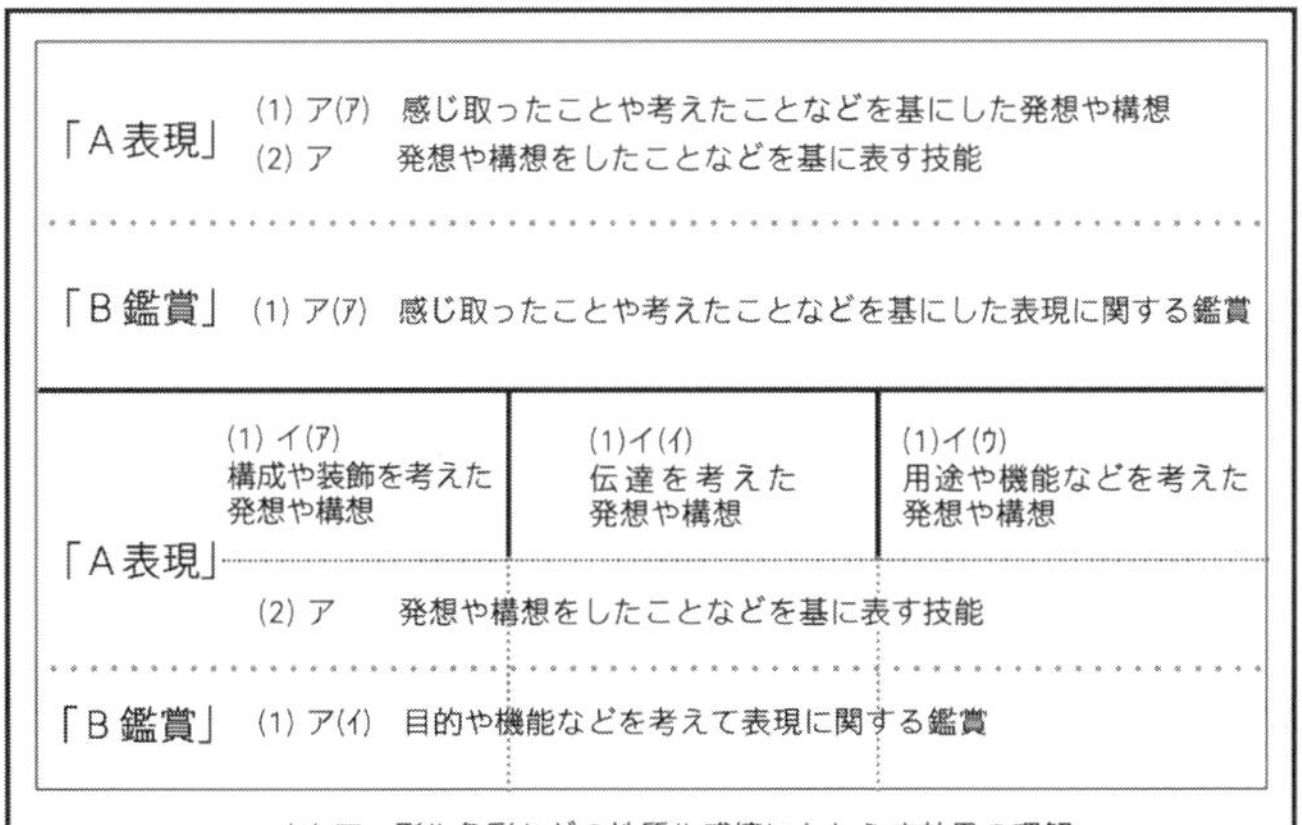
「A表現」
(1) ア(ア)　感じ取ったことや考えたことなどを基にした発想や構想
(2) ア　発想や構想をしたことなどを基に表す技能
「B鑑賞」
(1) ア(ア)　感じ取ったことや考えたことなどを基にした表現に関する鑑賞
(1) イ(ア) 構成や装飾を考えた発想や構想
(1) イ(イ) 伝達を考えた発想や構想
(1) イ(ウ) 用途や機能などを考えた発想や構想
「A表現」
(2) ア　発想や構想をしたことなどを基に表す技能
「B鑑賞」
(1) ア(イ)　目的や機能などを考えて表現に関する鑑賞
〔共通事項〕
(1) ア　形や色彩などの性質や感情にもたらす効果の理解
(1) イ　全体のイメージや作風などで捉えることの理解
〔6〕レイヤー的な構造のイメージ例

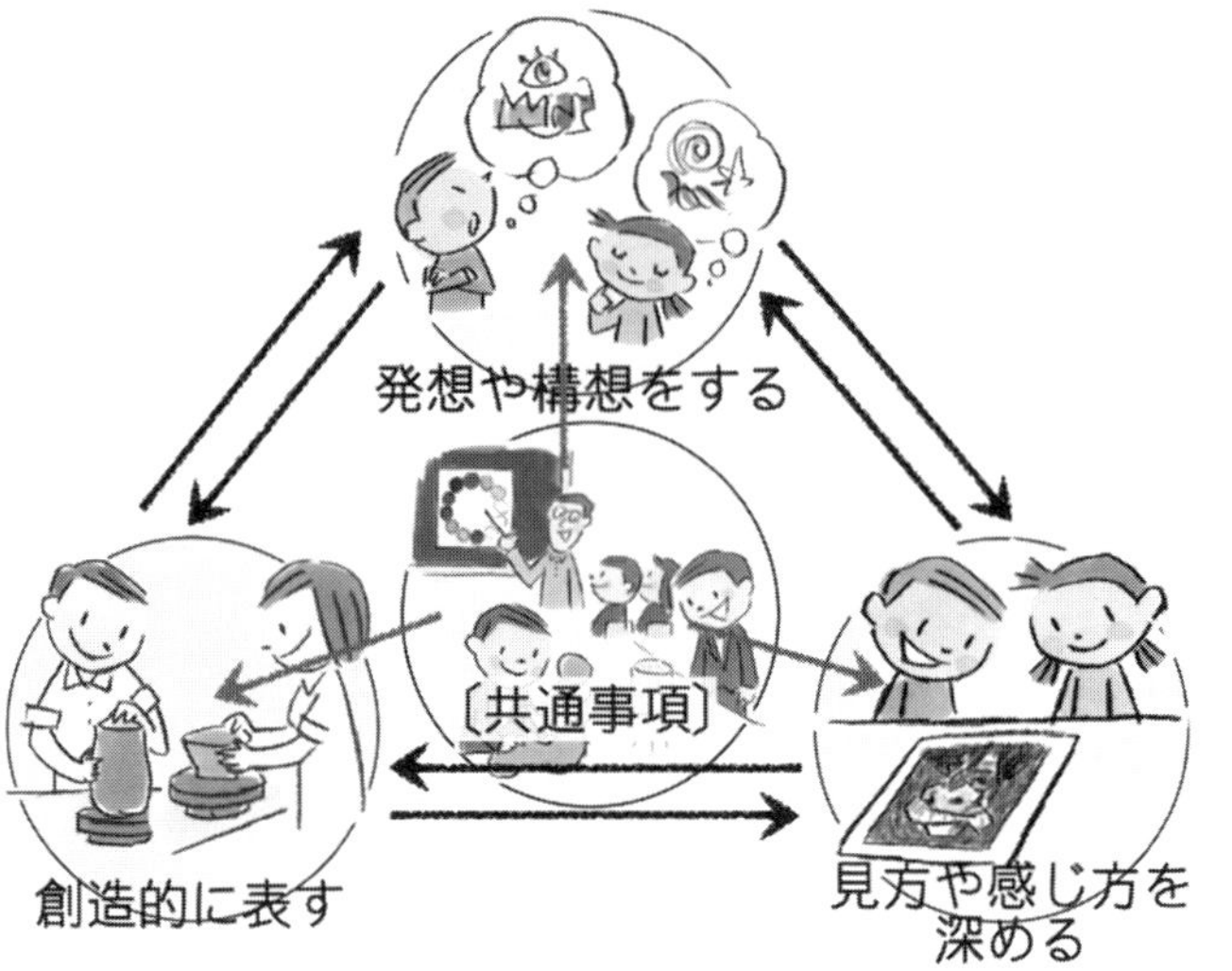

〔7〕各領域と〔共通事項〕との関係のイメージ

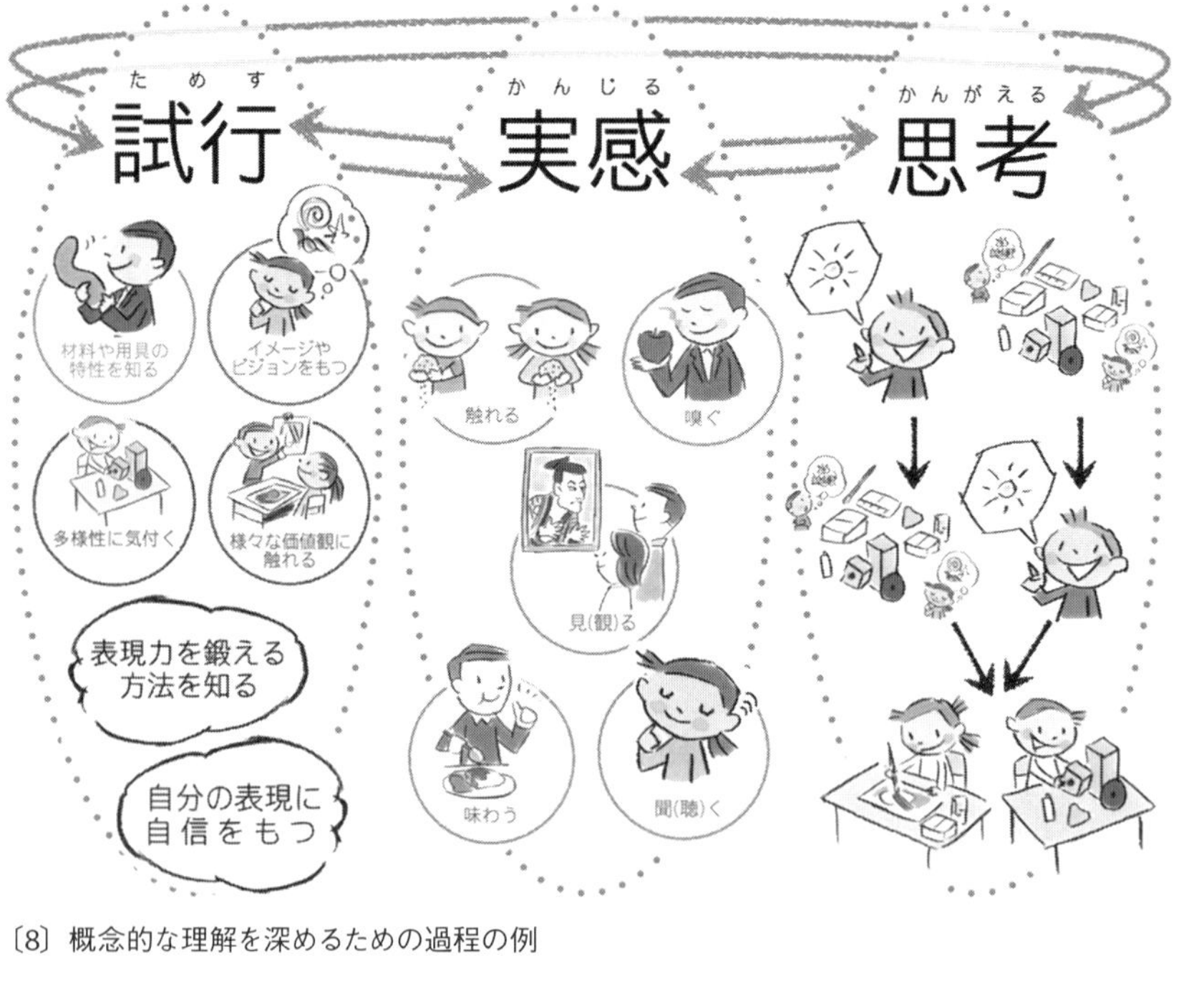

〔8〕概念的な理解を深めるための過程の例

を働かせた資質・能力の育成に寄与することが考えられる。

また、〔共通事項〕に示された各指導事項の内容は、単独で扱わず「A表現」及び「B鑑賞」の指導（活動）を通して行われなければならない。このことは、これまで述べてきたように、ここでの知識を、単に暗記、再生させるのではなく、生きて働く知識として習得させるためである。このことは同時に、〔共通事項〕は、指導を行う場である「A表現」及び「B鑑賞」の学習活動に依拠した形で行われているとも言える〔7〕。つまり、〔共通事項〕の内容の確実な習得に向けては、当然のことながら適切な「A表現」及び「B鑑賞」の指導計画の作成や、学習活動における指導が必要不可欠となる。

「造形的な視点」としての概念を習得するためには、生徒一人一人が表現及び鑑賞の活動の学習過程を通して、個別の感じ方や考え方等に応じながら活用し身に付けたり、実感を伴いながら理解を深めたりし、新たな学習過程が経験により再構築されていくことが重要である。そのため活動の過程において「試行」する場面や「実感」する場面、「思考」する場面など、生徒一人一人が、多様な探究方法や答えを生み出すことができるような場面設定が必要である〔8〕。

例えば「試行」する場面では、材料や用具の特性を知ったり、多様性や様々な価値観に触れたり、いろいろな角度から作品を見つめイメージを捉えたりすることなどが考えられる。また、「実感」する場面では、多種の材料、用具に直接触れ、それぞれの特性を実際に感じ取ることで、表現方法や技法、作者の意図に対する工夫などへの見方や感じ方を深めることが考えられる。「思考」する場面では、「試行」や「実感」と往還しながら、必ずしも主題を基に考えるだけでなく、素材や材料から表したいことやものを見付けたり、自分としての意味や価値の創出につなげたりしていくことなどが考えられる。

造形実験の学習構造は、「課題把握」「実験」「研究発表」の三つの活動で成り立っており、その中でも「実験」では、多くの実験的な素材の操作が行われる。[*8] そこでの体験による新たな知識の獲得の過程においては、単に多くの技法の体験をするだけでなく、先述した「試行」「実感」「思考」の往還が行われやすい状況がつくりだされる。こうした過程が、〔共通事項〕の示す内容についての実感的な理解につながり、生徒一人一人の多様な探究方法や答えをつくりだすことが期待できる。

造形実験の今後の展望—生成ＡＩによる過程《プロセス》のブラックボックス化—

造形実験は、結果ではなく過程を重視した取組である。本稿執筆段階において、入力した文字だけで画像を生成できる画像生成ＡＩ（人工知能）が出現した。それまで写真をもとに画像を生成するソフトウエアは存在していたが、その後、登場した文字を入力するだけで画像を生成してしまうＡＩシステムの存在は、私たちに大きな衝撃を与えた。また、二〇二二年九月、米コロラド州のアートイベントで、画像生成ＡＩの生成した画像が〝人〟が描いた作品を抑えて優勝してしまった報道が追い討ちをかけた。

更に米国の企業が開発した、人工知能を使ったチャットサービスは、入力した質問に対して、まるで人間のように自然でクオリティの高い回答をする驚くべきシステムとして、私たちを震撼させた。

これらの生成ＡＩは、テキストによって自分では描けないような画像を生成したり、入力した質問に対して人間さながらの回答をしたりする。しかしながらその過程は、現時点において、私たちユーザーにとっては完全なブラックボックスの状態であると言える。今後、このような誰もが簡単に答えを手に入れることができる〝思考の過程《プロセス》がブラックボックス化された機械《マシン》〟は、私たちの生活や社会の中ですさまじい勢いで拡がっていくことは想像に難くない。

こうした状況が見られる中、これまで以上に生徒の創造活動における学びの過程を重視し「何を教えるのか」を起点としたコンテンツベースの授業づくりではなく、生徒に「何を学ばせるのか」という美術科で身に付けるべき資質・能力の育成を起点としたコンピテンシーベースの授業づくりが必要である。また、単に「答えを探させる」だけで終始するような授業ではなく、生徒が学んだことを生かしながら新しい意味や価値を創出するなど、自らが「答えをつくりだしていく」ことにつながるような授業の在り方が求められる。

これまで行われた造形実験の検証では、第一学年を対象に、指導計画の工夫により一〇時間の設定で行われている。[*9] しかし、これまで本稿で〔共通事項〕との関連から造形実験について述べてきたように、ここで重要なことは、実施形態や方法ではなく、造形実験の考え方やその過程にある。

改めて、二〇〇八（平成二〇）年改訂に新設された〔共通事項〕が目指してきたことや、資質・能力ベースで改訂された二〇一七（平成二九）改訂の学習指導要領における「造形的な見方・考え方」と「造形的な視点」を豊かにするための知識との関係について、造形実験が目指す理念を念頭に、今行われている授業づくりを振り返り、これからの時代における美術科の本質に迫るよりよい学びを実現して欲しい。

＊註

1　三澤一実「造形実験の理論―造形実験が生まれるまで―」『日本美術教育研究論集』第五六号、日本美術教育連合、二〇二三年。

2　「中学校学習指導要領解説 美術編」第1章「総説」、文部科学省、二〇〇八（平成二〇）年七月。

3　同、註2。

4　「中学校学習指導要領解説 美術編」第2章 第2節「美術科の内容」、文部科学省、二〇〇八（平成二〇）年七月。

5　「中学校学習指導要領解説 美術編」第2章 第1節「美術科の目標」、文部科学省、二〇一七（平成二九）年七月。

6　「中学校学習指導要領解説 総則編」第3章 第3節「教育課程の実施と学習評価 1主体的・対話的で深い学びの実現に向けた授業改善」、文部科学省、二〇一七（平成二九）年七月。

7　前掲、註4。

8　前掲、註1。

9　前掲、註1。

＊引用・参考文献

「中学校学習指導要領（平成二九年告示）解説（美術編）」文部科学省、二〇一七（平成二九）年七月

「幼稚園、小学校、中学校、高等学校及び特別支援学校の学習指導要領等の改善及び必要な方策等について（答申）」）中央教育審議会 初等中等教育分科会 教育課程部会、二〇一六（平成二八）年一二月二一日

「「令和の日本型学校教育」の構築を目指して～全ての子供たちの可能性を引き出す、個別最適な学びと、協働的な学びの実現～（答申）」中央教育審議会、二〇二一（令和三）年一月二六日

2

造形実験で「愛」について考える

小山美香子

実験のテーマを生徒に委ねてみた。そこには予定調和の授業は存在しない。授業が生徒のものになった瞬間である。教師は生徒が発揮している力と、その獲得方法に驚き、指導者として生徒を観察する能力を研ぎ澄ませていく。生徒が主体的・能動的に動き出し、指導が支援と変化し、教師にゆとりが生まれる。おおらかな南信州の中学生。さて、造形実験を三年間継続した彼らはどのような力をつけたのだろうか。

テーマ設定の難しさ

筆者が勤務する中学校は、長野県の南部にある駒ヶ根市の、天竜川を挟んだ東に位置し、市街地からは離れた自然溢れる全校生徒一八〇名ほどの公立中学校である。勤務校では、二〇二〇（令和二）年度から二〇二二（令和四）年度にかけて造形実験の取り組みを行った。実践の中から、実験を始めて二年目に行った中学二年生の「造形実験で「愛」について考える」を紹介したい。

この生徒たちは、中学一年生で、粘土や自然物による造形ワークを経た後に、「驚き」をテーマにして造形実験を行っている。その時、生徒たちは、実験というよりは自らの驚きの感情を伝えるための「この装置ならば驚くだろう」という思いが強く、びっくり箱や驚きのある映像を撮ろうという「驚きのある装置作り」に終始してしまった。これは、教師自身の造形実験に対する理解が不足していたことからくる見通し不足や、テーマ設定の甘さが招いた結果であると考え、私は、造形実験への学びを深めることはもちろん、造形実験のテーマ設定を精査する必要があることを強く感じた。

一方で、そのような生徒たちの姿にも発見があった。生徒たちの取り組みを見ると、他の題材との差異を感じずにはいられなかった。端的な言葉で表現すると「主体的に熱心に取り組んでいる」ということである。

今までの制作では、多くの生徒が動き出すのに時間がかかったり、他の生徒の様子を気にかけたり、場合によっては「先生、どうやって作ればいいですか？」という質問を受けたりした。特に生徒たちにとって馴染みのない題材ほど教師主導になってしまい、生徒の戸惑いが多く見られる傾向にあった。ところが、造形実験では、初めての取り組みにもかかわらず、オリエンテーション的に行った、粘土や自然物を使った短時間の造形ワークから戸惑いが少しずつ薄らぎ、造形実験に入ってからは、それぞれがそれぞれの「驚き」に対する考えのもと、実験に邁進している姿が見られた。また、自分とは違う他者の表現に対して興味を持っている姿も多く見られた。造形実験では、表現と鑑賞が深く関わり合い、生徒たち自身が授業を創りあげる姿が見られたのである。

その姿が印象的で、当初の計画に造形実験を二年にわたり継続して行う予定はなかったが、翌年の三学期にも造形実験をカリキュラムに組み込んだ。造形実験ならば、学習指導要領の共通事項の習得に深く働きかけるのではないかと感じたからだ。

二回目の造形実験では、テーマを生徒と共に設定しようと考えた。生徒たち自身が表したいと思うことはどんなことだろうと思ったことがきっかけである。生徒たちは昨年の経験があるので、テーマを募ると様々な案が出てきた。

「衝動」「夢」「光」「祈り」「愛」などの中で、「光」は実践できたら面白そうだと思ったが、プレワークシートでのアイディア出しを見ると、発想できずに難しさを感じている生徒が何人かいるようだった。

生徒たちからは、テーマ「愛」ならば、何となくイメージができそうだという声が多くあった。また、イメージが限定されず、多岐にわたる発想が持てそうだという期待から、テーマ「愛」で造形実験を行うことにした。生徒たち自身から出てきたテーマではあるが、指導者側としては、多感な中学生の時期に照れもなく「愛はどうだろう?」という意見が出てくること、それが全体に受け入れられることに驚きもあり、楽しみな気持ちにもなった。まずはワークシートで、キーワードとなる言葉出しからスタートした。

キーワード探しから対話へ

「愛」と聞いて思い浮かぶことを書き出す場面で、生徒Aはたくさんの言葉を書き出した。


恋愛…恋したら愛情。

愛情…相手にそそぐ愛の気持ち。

溺愛…むやみにかわいがること。

割愛…惜しいと思う物を思い切って手放したり省略したりすること。

慈愛…常に慈しみを注いでかわいがる心。無償でもらうことができるもの。見返りを求めないこと。

親愛…その人を愛し、親しみを感じていること。

敬愛…尊敬し、親しみの心を持つこと。

純愛…ひたすらな愛情。


ワークシートに記述していく中で、生徒Aは、様々な愛の中から「慈愛」を表現したいという願いを持つようになる。慈愛について考えを深める中で「見返りを求めない」「無償」「色々な形であり、その形は人によって違う」というキーワードを足がかりにしようとしている。

生徒Aのワークシート〔1〕を見ると、慈愛を表す女神のような女性像と、顔を隠した男性像、絵画と文字を組み合わせたものと、三つの案を出している。表し方は絵画、立体、文字、写真などまだ流動的である。実験は、ひとりで行っても誰かとユニットになって行ってもよく、表し方は、絵画・立体・映像・鑑賞・

身体表現・文字・写真・インスタレーションなど生徒自身が選べるようにした。

生徒にとって造形実験は、二回目なので、ある程度実験の見通しを生徒自身が持つことができ、生徒たちからも「こんなことやってみたいな」「こんな感じだったらどうだろう?」と、実験へのワクワク感が伝わってきた。ワークシートへの記述も、全体的に昨年に比べて豊かな印象を受ける。「愛」という、抽象的な要素も含む言葉から、イメージを広げて、自分が思う「愛」を造形的に考えようとしている姿が多く見られた。

実験開始から何時間か経つと、それぞれの実験が色や形態などを伴って、それぞれの思いで展開していくのを感じた。また、実験という言葉の通り、何度も試しては自分の思いを形にしていく過程が見られた。描いたり、作ったり、映像にしたり、様々なトライアンドエラーを繰り返して、段々と自分の中の思いを整理しているようにも見えた。いつもは隣の生徒の作品と似通ってしまう生徒も、何度も混色を繰り返しテストして色を決めだしたり、一度形にしたものをあえて分解して再構成したりする姿に、自分の表現との対話が見られた。その姿を見ると、自分自身の思いや感覚を頼りにして実験が進んでいるなと指導者側も感じることができる。

隣り合って、机をシェアしながら、時にはおしゃべりしながら実験をしているのに、なぜこんなにも主体的な取り組みになるのだろうか。他の題材と造形実験は何が違うのだろうか。

今回の実験で顕著だったのは、「実験に夢中になっている様子」である。授業時間だけでは実験が進まないことを感じ

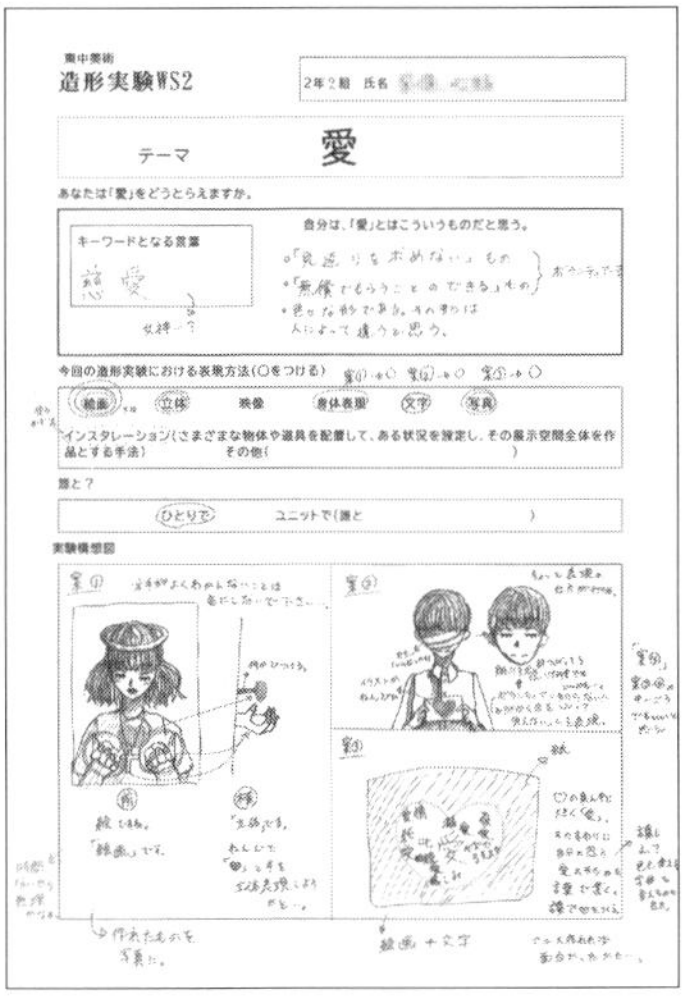

〔1〕生徒Aのワークシート

た生徒は、朝、昼休み、放課後に美術室や実験場所を訪れては何度も実験を繰り返していた。折しもコロナ禍で部活動に制限がかかった時期なので、比較的時間が自由になったことも幸いしたのだろう。この頃には「造形実験」は、校内で段々と認知されるようになる。「何か面白いことをしている」という認識ではあるが、他学年の生徒も職員も、理解を示してくれるようになった。職員室に朝来ると、「二組の子たち、朝早くから外で造形実験していたよ」と同僚から声をかけられたり、「造形実験、すごく難しいけど、すごく面白いって先輩が言っていました」と一年生の生徒からも声をかけられた。

独自の発想が共感を呼ぶ

三名の生徒が共同制作しているユニットAは、色水を作っては、空中にその水を散らし、映像に撮ることを繰り返して〔2〕遠目に見ては思うような色と形になっているか検証していた〔3〕。

ユニットAのディスカッションを聞いていると、愛には様々な愛があるという意見が起点になっていた。人に対する愛もあれば、物に対する愛もあるし、事象に対する愛もある。その多様な愛を、それぞれイメージする色をキーワードにして表せないかと話し合いは深まっていく。「色を重ねて愛を表してみよう、でもどんな色だろう」「透明感のある色にしたい。愛は生まれるものだから、その勢いも表せたらいいな」。

時々、「難しいな…」と言いながらもディスカッションは進み、色水を飛ばして重なり合った色で表してみようという方向性が決まり、実験はスタートした。授業のみならず、昼休みや放課後に美術室近辺で実験を繰り返していた。ユニットAは三名で行っているので、三人の思いが反映されるように何度か問い返しをしていた。

裸足になったり、色水を何度も空中に飛ばしたり、寒さも気にせず時にびしょ濡れになりながらも、春まだ遠い南信州の三月とは思えないダイナミックな実験の様子が見られた。

二名の生徒が共同制作しているユニットBは、色水を入れた風船を作って〔4〕それらを割ることで二人が考える「愛」を追求していた。二人の中で「理想の割れるかたち」があり、色水入りの風船を、雪の上や〔5〕たらいの中〔6〕で何度も割り方を工夫していた。

ユニットBの思いは、「愛というか、恋愛は、燃え上がるが、必ず醒める。」というもので、ちょっとしたきっかけでガラリと姿を変える様子を表したいという願いを持っていた。そこで二人が考えたのは、風船の中の色水がバッと広がることで世界が変わってしまう感じを表せたらというものだった。

〔2〕ユニットAの制作現場

〔3〕ユニットAの検証場面

実験当初は雪の上に置いた風船を注射器で割ったが〔7〕インパクトに欠けた。割り方を試行錯誤してみるも、思うようなかたちにはならないので、たらいに色水を張り、色水を入れた風船を投げ入れて割る方法に切り替えた。たらいの色水が瞬時に変化する様子を表そうと、何度も何度も実験を行った〔8〕。

ユニットBの実験は、朝、昼休み、放課後、時には自宅でと、授業時間をはるかに超えて

〔4〕ユニットＢの色水作成
〔5〕雪の上に風船を設置
〔6〕大きなたらいを準備
〔7〕風船を注射器で割る実験
〔8〕風船を投げ込む実験

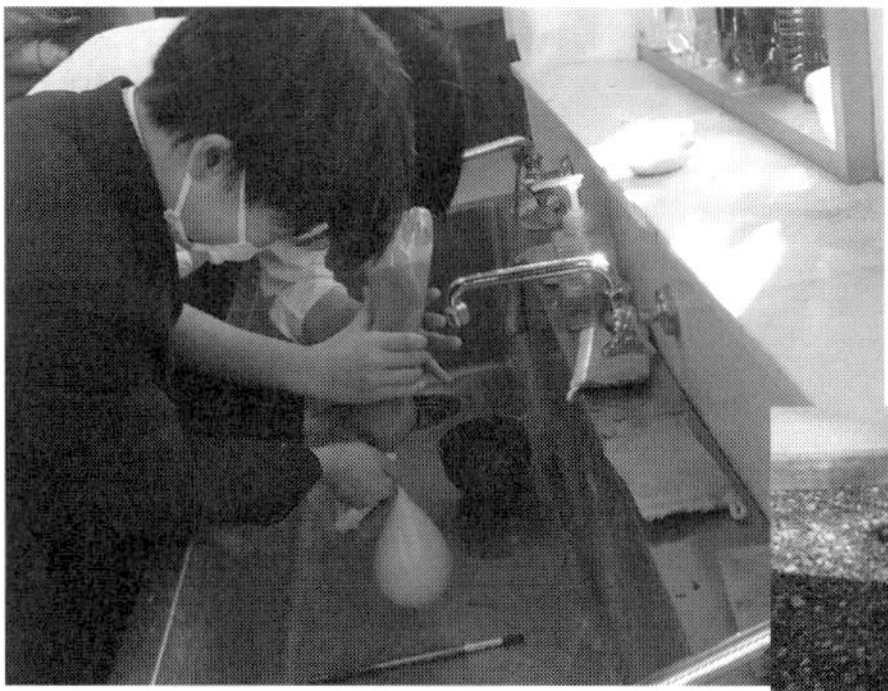

〔4〕

〔5〕

〔6〕

〔7〕

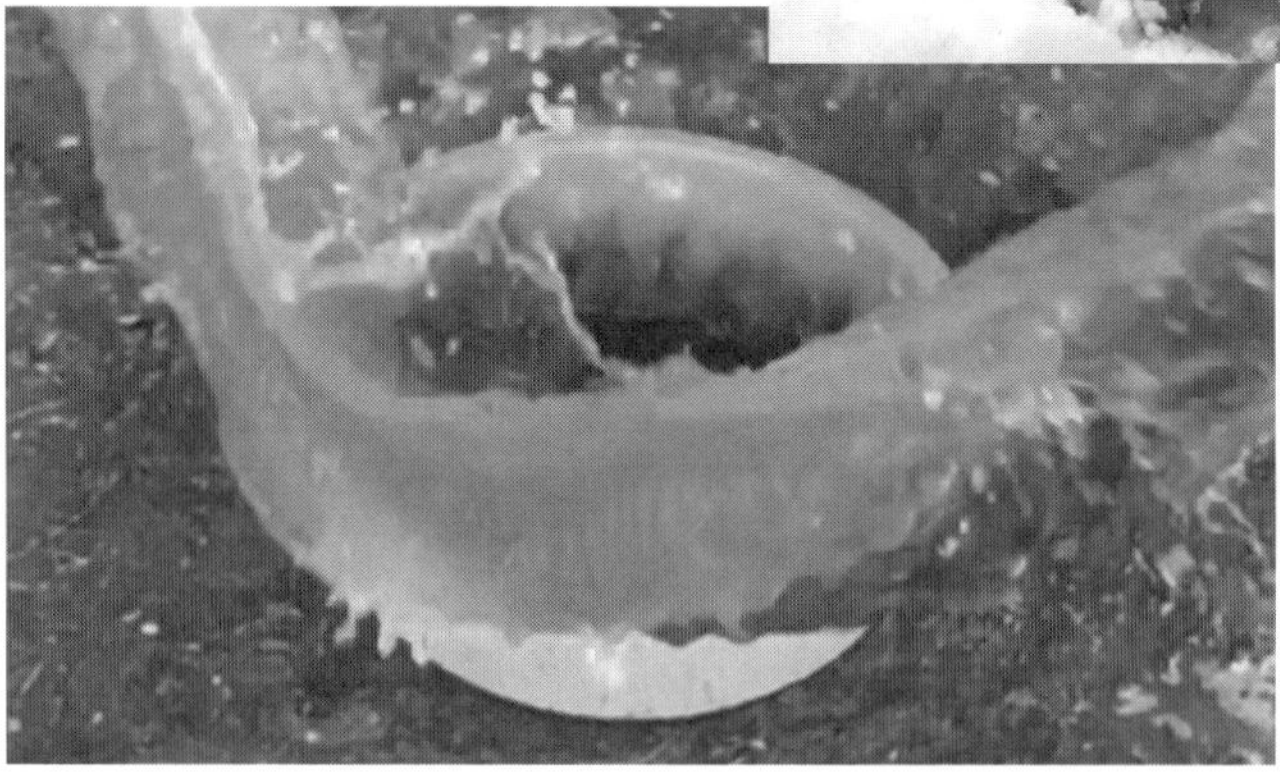

〔8〕

進んでいく。不思議なくらい熱中していると担任や職員の話題になったほどである。ついに理想のかたちの割れ方をした時、彼女たちの発した歓喜の声が今も忘れられない。美術とは、表現することそのものが喜びであると彼女たちの姿を見て感じた場面だった。

生徒Bは、豊かな発想でどんどん手を動かしていく。大きな紙が欲しいと言い、用意すると笹の葉を野外に採りに行った。笹の葉を束ねて絵具を溶き、笹の束で彩色していく〔9〕。彩色した紙を指でちぎり、麻紐で亀のような形を表現する。

生徒Bにとっての愛は、「自分にしかわからない自分だけのもの」だから、他の人には共感できない自分だけの愛を表したいと、発表会でも名言を残した〔10〕。造形実験では、色と形で自分の感覚を伝えていくと思っていたから、そもそも共感できるはずがないという生徒Bのスタンスから、私も生徒たちも新たな視点を感じた。もちろん、共感できるはずはないと突き放している生徒Bに、「この感じ、わかるよ」と、共感する生徒もいたのだが、それも含めて面白

〔9〕生徒 B の笹を使った彩色

〔10〕生徒 B の発表場面

さを感じた。

実験を重ねて見えてきたこと

発表会では、生徒一人一人が考える「愛」が発表された。平面、立体、映像、インスタレーション、写真…様々な形態の発表から、それぞれの思いがダイレクトに伝わってくる。発表時間は、各々一分間だったが、身ぶり手ぶりを加えて熱量高めに話す姿は、生き生きと、時に制限時間を超えて、さらに伝えたいという思いが溢れる場面が多く見られた。

一年次のテーマ「驚き」の時と異なるのは、自分が思う「愛」を、色や形で伝えるにはどうしたらよいだろうかと実験を重ね、実験結果の考察を述べていることであった。発表会では、生徒自身は自分の実験の発表者であり、他の生徒の実験発表の聞き手でもあるので、他の発表に興味を持って楽しみつつ、自分の表し方との違いを感じていた。

発表は、「共感度ゲージ」と名付けたワークシート〔11〕に書き込みながら行った。他の人の発表を聞いて、自分の感覚との距離を記入する。「最も近い」から「近い」「やや近い」「少し近い」「少し遠い」「やや遠い」「遠い」「最も遠い」と、細かく八分類することになる。最後には、全ての発表を聞いて、「興味深い愛」「語り合いたい愛」という項目にも記入する。

発表会をすることで、生徒たちは自身の追究した実験をまた違う角度から捉え直している、と、感じた二年目の造形実験であった。他と比較することで、自分自身の姿が見えてくる。造形実験にはそのような要素もあると感じた。造形実験を繰り返し経験することで、表し方や対象の捉え方、考え方の広がりと深まりが見られた。生徒たちにとっても、指導者側にとっても、大きな収穫が得られた授業となった。

この学年の生徒は、三年生の三学期にもテーマ「緊張感」で造形実験に取り組み、年に一回ずつ、三年間を通じて造形実験に取り組んだことになるが、他学年と比較して違いを最後に述べようと思う。

一つ目に美術の授業に対して関心が高く、好きである。「あの子たちって美術好きだよね」と担任や職員からよく言われた。生活の記録（日記）の記述に美術の授業がよく出てくるので、担任も制作の様子を把握していた。また、美術の授業ではない時に、校内で会うと制作の話になる生徒がいたことからも、生徒たちの生活の中に美術が入り込んでいるのではと感じた。以前から美術に対して意欲的で能動的な傾向にはあったが、造形実験を重ねる度にその傾向は顕著になった。

造形実験後に行ったアンケートには、「美術では人それぞれの主観があり、それを絵や創作で表せる唯一の時間だと思う。」「他の人の考えや意見を交換することがで

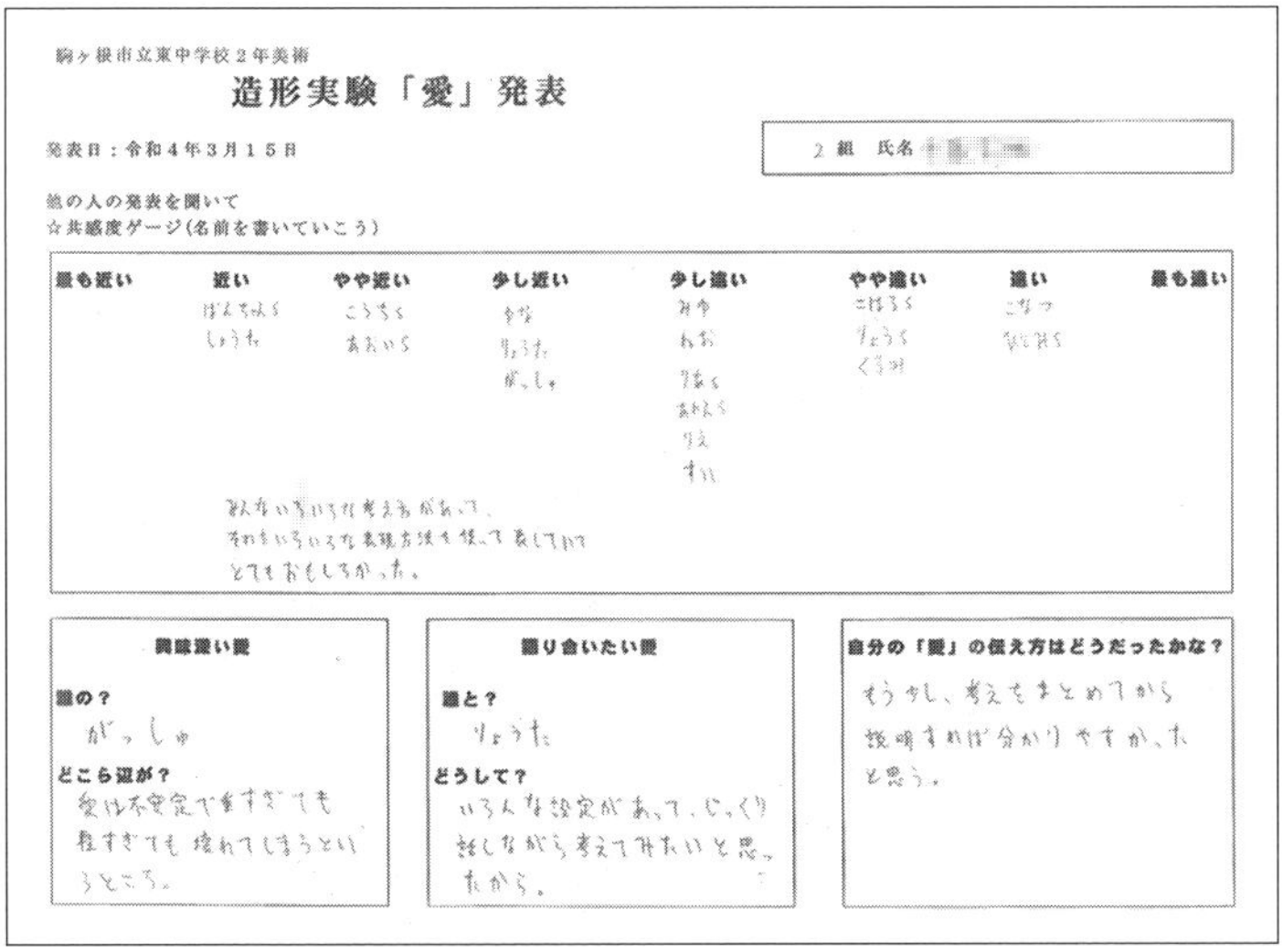

〔11〕発表時のワークシート「共感度ゲージ」

きて、新しい発見ができるし、自分と向き合うきっかけにもなった。」という意見があり、美術の授業のよさや大切さを感じている様子が見られた。

二つ目に思考・判断・表現力に大きな変化が見られたこと。造形実験ではない別の制作でもその姿は顕著であった。絵画制作で、「勢いのある画面にしたい」という明確な作風への思いがあったり、導入の場面から、表したいイメージを湧かせ、制作の見通しを持って準備したりする生徒も多く見られるようになった。

自画像制作のためにそれぞれの写真を撮る場面では、以前に比べてポーズにこだわり、構図に意図を感じることができ、自画像を描きながら背景の案を考えている生徒が多いことからも「造形的な視点」を活かした思考力・判断力・表現力の向上が感じられた。

三つ目には、粘り強く主体的に取り組む姿が見られたこと。以前は多くあった「先生、どうやってやればいいの?」という言葉が全く出てこなくなった。

アンケートの中に印象的な言葉があった。「人と違うのは良くないことだと勝手に思っていたけど、色々な人の実験を見て、人と共感できたり、違うところを見つけて話してみたり、自分の考えがすごく変化した実験だった。」「形のない気持ちを形にすることで、いろんな価値観を学ぶことができた。」造形実験の価値や意味を感じさせる言葉である。

3 造形実験で「緊張感」を考える――三年間の軌跡

小西悟士

生徒の思いもつかない考えや表現に教師自身がわくわくする。そんな授業ができたら幸せだ。造形実験の考え方を確かめながら三年間取り組んだ。何事も初めては模索から始まる。手探りで始めた造形実験に、やがて生徒も教師もその魅力にはまっていく。教師にとって造形実験は授業の見直しにつながっていった。実験は生徒だけのものではなかったのである。

自分としての解の探究

近年、新型コロナウイルス感染症拡大の影響により、教育現場ではＧＩＧＡスクール構想が急速に進み、ＩＣＴの活用が日常化するなど授業のスタイルが一変した。そのような中、予測困難な時代を生きていくであろう生徒を目の前に、従来の作品づくりを最終目的とする授業で、生徒の資質・能力が本当に育つのであろうか、そして、このような授業をこれからも継続してよいのであろうか、と疑問をもつようになった。そこに、武蔵野美術大学の三澤一実教授から、資質・能力ベースの授業として作品づくりに終始しない、「過程」を大切にした授業の提案を聞いて興味をもった。それが「造形実験」である。

筆者が勤務する、埼玉大学教育学部附属中学校では、中学一年生（約一四〇名）を対象に、二〇一九年〜二〇二一年の三年間にわたり「造形実験」を実践してきた。生徒は、「緊張感とは何か？」という問いに対しそれぞれが仮説を立て、様々な材料や表し方を実験し、試行錯誤しながら「造形的な視点」に気づき、美術の知識や技能を増やしていく。そして、「自分としての解（作品など）」を探究する。これまでのように作品を描いたりつくるために考えるのではなく、「緊張感」というイメージを考えるために描いたりつくる中で、主として「知識・技能」の育成を目指し、付随して「思考力・判断力・表現力」を育み、〔共通事項〕の実感的な理解を行うための授業を実践した。

テーマの設定については授業者に委ねられているが、本校では三年間を通して、「緊張感を考える」をテーマとした。その理由は、誰もが感じたことのある感覚であるため一年生でもイメージをもたせやすい点や、〔共通事項〕の内容を意識して二年次以降の授業に取り組ませるためである。本稿では、その内容を記述し、「造形実験」によって得られた成果を検証していく。

「造形実験」の指導計画

本校で実施する「造形実験」は、導入から研究発表会まで、全一〇時間の時数を設定し実施した。この指導計画は、二〇一九年から二〇二一年までの三年間継続した。

一時間目：緊張感を描いて考える時間
二時間目：緊張感をつくって考える時間
三～九時間目：緊張感を自分に合った表し方で考える時間
一〇時間目：研究発表会の時間

中学校学習指導要領解説 美術編では、一学年の内容の取扱いについて、年間四五単位時間という時数の中で全ての内容を扱うことになっており、一つの題材に当てる時数は、比較的少ない単位で各指導事項の内容が身に付くような題材を位置付け、計画することになっている。そのため、「造形実験」のように、一年生で一〇時間の題材を設定することについては時数が多いという声もある。しかし、生徒が豊かに思考する時間や表現の活動を保証し、自分にとって納得した「解」を出すためには、様々な材料や表し方を試行錯誤して深く考え、表現及び鑑賞の授業に必要となる十分な知識・技能を習得する時間が必要であると考えた。そこで「造形実験」は、研究発表会を含め一〇時間という時数を設定している。

実践事例

一時間目の「緊張感を描いて考える時間」では、導入で生徒がこれまで経験した緊張の場面を振り返り仲間と共有した。生徒からは、「塾の帰り道、後ろから誰かに付けられているかもしれないという緊張感」や、「テスト問題を解いている時、時間内に全て解き終えることができるかという緊張感」「緊急地震速報の音が鳴り、地震が起こる前の緊張感」など、生徒それぞれが生活の中で感じたことのある緊張の場面を語り合った。次に、その「緊張感」のイメージを色彩で例えるなら何色か、形で例えるとどのような形かを生徒に問いかけた。暗く燻んだ色をイメージする生徒が多い中、緊張すると頭の中が真っ白になるから、白く淡いイメージをもつ生徒もいた。また、形については、角のある形や、外から圧迫されて押し潰されそうな形などが上がり、一人一人がもつ「緊張感」のイメージが異なることが生徒の発言からわかる。

導入を終え、それぞれが考えた「緊張感」のイメージをどのようにして伝えるか、色鉛筆やクレヨン、パステル、水性色ペン等の描画材料を使い、コピー用紙（A3サイズ）に描きながら考えた。失敗を恐れず、それぞれが思い描く「緊張感」のイメージに向かって表し方を試行錯誤させるために、用紙は何枚使ってもよいとした。実験する生徒の中には、画材で描くだけでなく、紙を切ってずらし、左右を逆にして貼り付け再構築する生徒も現れた。さらに、紙を揉んでその上からパステルで色を塗り、穴を開けて描くなど、試行錯誤を繰り返しながら様々な表し方を探究する生徒の姿が見られた〔1〕。

〔1〕紙を揉んだり中心を切り抜いて回転させたりする

二〇一九年、二〇二〇年の「造形実験」では、表し方を抽象表現に限定して描かせたが、二〇二一年の「造形実験」では抽象、具象のどちらを選択してもよいことを伝えた。結果、抽象的に表す生徒がほとんどであったが、それは、色彩や形でイメージを抽象的に表した方が、自分が考える「緊張感」のイメージを他者に伝えやすいと考えたからであろう。

二時間目は、「緊張感をつくって考える時間」である。「緊張感」のイメージを色画用紙とセロハンテープのみを使い立体で表す実験を行った。生徒は、紙を切って丸めたり、折ったりするなどして試行錯誤を繰り返したり、色の組み合わせを考え、観る者の視点を誘導するような工夫も見られた。ある生徒は、色画用紙を丸めて棒をつくり、不安定に積み上げて崩れるか崩れないかという「緊張感」を表したり、ある生徒は、色画用紙で無数の四角柱をつくり、一本だけ色を変えて自分に見立て、他の大勢と違う行動した時の「緊張感」について考えるなど多様な実験が見られた〔2〕。ここではアイデアスケッチはせず、材料に触れながら「緊張感とはこんな感じかな」「もっとこうしてみようかな」とつくり、つくり変えることを繰り返した。

〔2〕他人と違う行動をした時の緊張感を立体で考える

一、二時間目の「造形実験」を終えた生徒は、三時間目から自分が考える「緊張感」をより効果的に伝えるため、「自分に合った表し方」を選び実験を続けた。ここでは材料や表現方法は制限しない。平面で表す生徒、立体で表す生徒など様々である。二〇二〇年からは、一人に一台タブレット端末が貸与され、それらを使って写真や映像で表す生徒が増え、より多様な実験が可能となった。また、一人で実験することが難しい場合は、仲間と共同して取り組むことも可能にしている。さらに、授業の導入と振り返りの時間以外は、活動の場所を美術室に限定せず、校内や屋外の場所で活動することを可能にしている。

実験の記録と見取りについて

二〇一九年の反省から、生徒が「造形実験」を通して自分なりの解を探究する中で、それぞれの表し方や活動場所を広げていくため、実験の見取りや個別指導が難しいと感じていた。そこで、二〇二〇年からは、毎時間の実験をデジタルで記録し、積み重ねさせている。生徒は、タブレット端末で実験の様子や成果物を撮影し、指定されたフォーマットに貼り付け、その日に実験したことについて振り返りを行う。振り返りの内容は、次のとおりである。

①今日やったこと
②実験で発見したこと（気づいたこと）
③次回の挑戦（次回の目標）
④その他（メモ、教師への質問）

これは、三澤教授が過去に行った「制作ファイル」（一三四頁参照）を参考に、筆者がPowerPointを使ってデジタル版にアップデートしたものである〔3〕。毎時間の記録は、Teamsを経由し、指定の

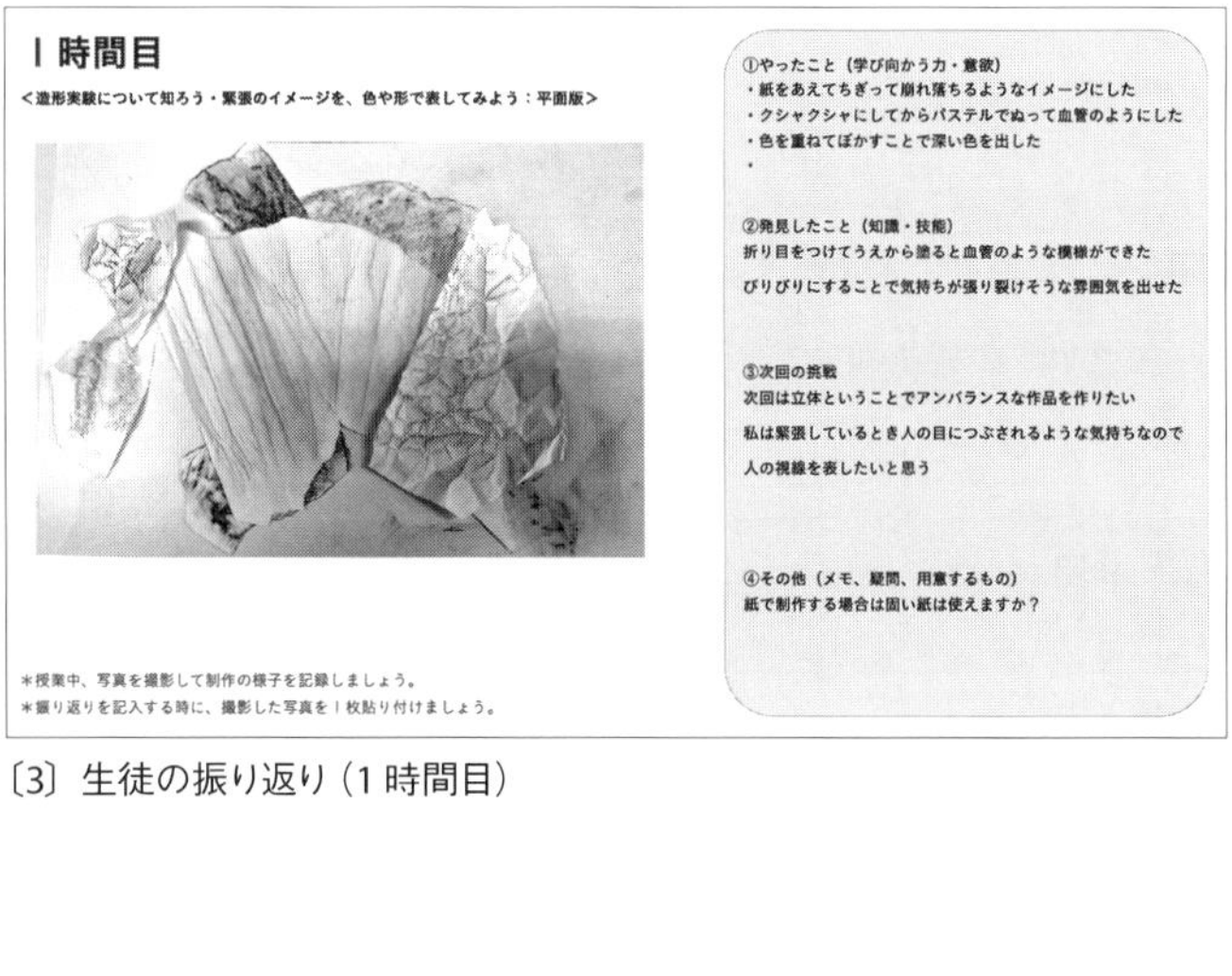

〔3〕生徒の振り返り（1時間目）

フォルダに提出される。教師は、生徒の実験の様子や活動の中で発見した内容をオンライン上で見取ることができる。また、生徒からの質問や実験する上でアドバイスを求められれば、それらに対して助言することで、個別最適な学びを実現できるように工夫した。また生徒は、撮りためた写真や記録を研究発表会で使用する資料の作成に役立てている。

「緊張感」とは何か？という問いに対して、生徒の多様な実験から、平面や立体、写真、映像などの探究の解（作品）が生まれた。ここでは、二〇二〇年と二〇二一年に生徒が実施した「造形実験」とその解（作品）について紹介する。

一つ目に紹介する「造形実験」は、「緊張感」を映像で表し考えた生徒の事例である（二〇二〇年）。映像作品では、画鋲でつくられた針山の上を風船がゆっくりと通過する。針山スレスレに通過することで、風船が破裂するかもしれないという「緊張感」を伝えている〔4〕。さらに「緊張感」のイメージを効果的に伝えるため、映像を加工して画質を粗くし、再生速度を落としてスローモーションで編集するなど、タブレット端末を活用して実験が繰り返された。写真は実験の様子である〔5〕。一人の生徒が風船の動きを担当し、

〔4〕映像作品「絶対絶命」と QR コード

〔5〕タブレット端末を使った映像実験

〔6〕数学の授業で学んだ同心円を 3 つ描き波紋を連想

〔7〕写真作品「先が見えない」

もう一人の生徒は撮影役を担当する。これは、初めから想像したことを映像に表したのではなく、材料や場所、空間と出会い、それらと関わりながら目的を見つけ、発展させて理想とするイメージに近づけたのであろう。つまり、実験がなければこのような作品が生まれなかったといえる。生徒が出した探究の解（作品）も魅力的だが、行為そのものが興味深く、一つ一つの行為によって変化する造形の形や活動自体が表現の領域となっている。次はどのような実験が繰り広げられるのか、期待が高まる実験であった。

二つ目に紹介する「造形実験」は、数学や書写等、他の教科で学習した知識を活用して実験をした生徒の事例である（二〇二一年）。この生徒は、数学の授業で同心円について学ぶ機会があり、美術の授業でも黒い画用紙に同心円を三つ描いた〔6〕。描いた同心円が波紋のように見えたことで、「静けさ」が「緊張感」を表す波紋になると考えたが、さらに同心円を描いた紙を丸め、その中を覗き込むと、吸い込まれていくように見えた。そして、紙の先端部分を黒い画用紙で閉じて中を撮影してみると、「先が見えない」という新たなイメージが生まれたと生徒は語る。最終的に、先が見えない吸い込まれるイメージが生徒の「緊張感」となり、写真作品として探究の解を生み出した〔7〕。

生徒の実験記録を見ると、平面から立体、そして写真表現へと表し方を変えて試行錯誤している様子が確認できる〔8〕。実現したい思いを大切に活動し、前の時間につくったものと今つくったものの間を行き戻りしながら、考えや表し方を変えてきたことがわかる。さらに、七時間目に探究の解（作品）を生み出した後も、他の表し方で実験を続けていた点が興味深い。八時間目では、書写の授業で余った墨を指に付け紙に擦り付けて描く実験を続け、九時間目でも他の表し方で探究を続けていた〔9〕。一度出した解に満足することなく、さらに深く考え、納得がいくまで「緊張感」のイメージを探究し続けた。このように、生徒が感

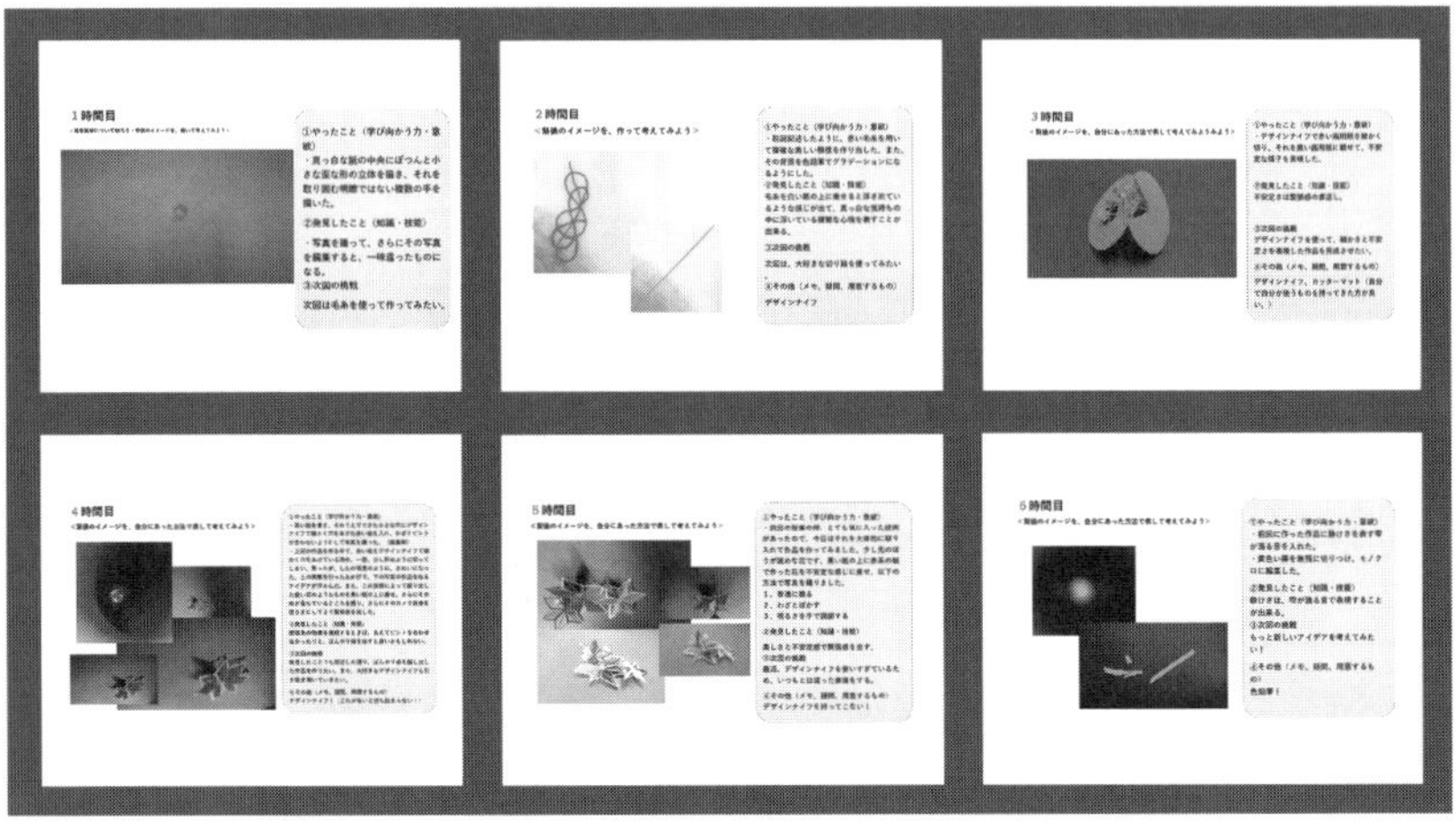

〔8〕実験記録 1〜6 時間目：平面→立体→写真表現

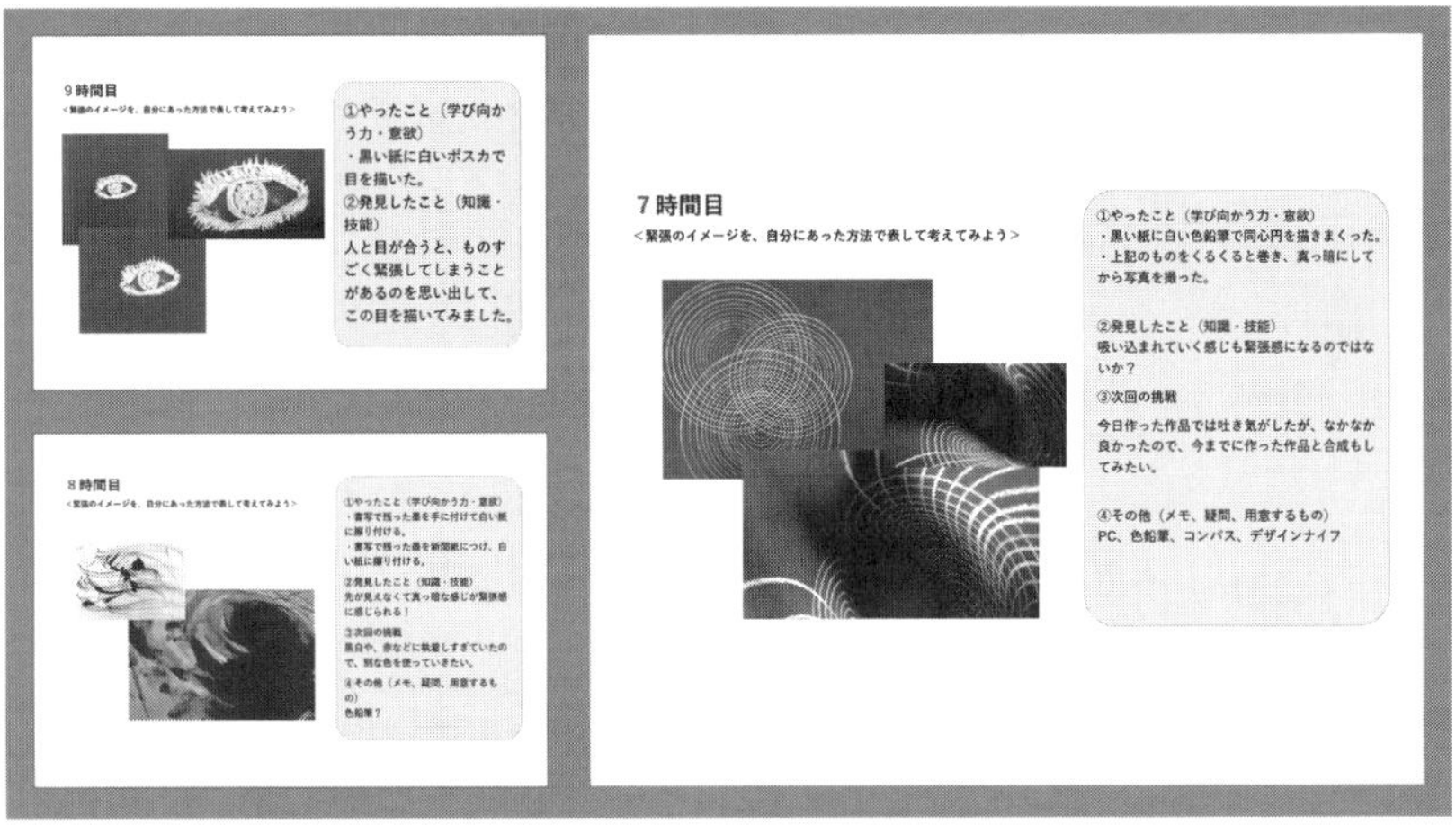

〔9〕実験記録 7〜9 時間目：同心円を描き写真表現→墨を使う→黒紙に白で描く

性や想像力を働かせて、対象や事象を「造形的な視点」で捉え、自分としての意味や価値をつくり出す姿は、「学びに向かう力、人間性」そのものである。

最後は、「研究発表会」である〔10〕。ここでは、生徒が探究してきた成果をクラスの仲間に向けて発表する。これまで蓄積してきた写真や振り返りの内容をもとに作成された発表資料と作品を使って、自分にとっての「緊張感」とは何か?を自らの言葉で語る。発表では、実験で得た「知識」を駆使して創造的に表す「技能」につなげる様子や、自分とは違う仲間の見方や考え方を吸収して自分の実験につなげようとする様子が語られた。同じテーマを追求してきた仲間は、発表の内容がそれぞれ異なることに驚いたり、「なるほど」「そういう見方があるのか」と共感したり、違いについて議論する中で、一つのイメージから多様な見方や考え方を広げていく。また、共感することを通して、造形のもつ言葉に気づき、仲間の発表から「形や色彩、材料、光などの性質や、それらが感情にもたらす効果などを理解すること」や「造形的な特徴などを基に、全体のイメージや作風などを捉えることを理解すること」を学習していく。

〔10〕研究発表会の様子

発表後の質疑応答では、「なぜその色で表したのか?」「その材料を使った理由は?」と聞かれ、発表者はその質問に答える中で自身の考えを整理し、自分では気づかなかった価値を発見することができる。「造形実験」の研究発表会は、他者との対話を通して造形感覚を深めていく大切な時間なのである。

三年間を経た実感

一年生（二〇二〇年）に「造形実験」の授業を体験した生徒は三年生（二〇二三年）になり、現在は、「〇〇を着る―ファッションの可能性について考える―」授業に取り組んでいる。テーマの設定は生徒に委ねており、「夜を着る」「数学を着る」「安心を着る」など多様である。授業では、一年生の時の造形体験が発揮されている。例えば、布に泥を塗り材料づくりから取り組む生徒、ドレスに電飾を縫い付け星をイメージして光らせる生徒、身体に材料を乗せながら衣服のフォルムについて検討する生徒など、多様な材料や表し方、捉え方を試しながら自分としての解を探求している〔11〕。また、一人で取り組む生徒もいれば、チームを組んで取り組む生徒、クラスを超えてチームを組み探究する生徒もいる。これまでの、「先生、これでいいですか?」「やってもいいですか?」という声は聞かれない。「もっとこうしたい」「他の方法でやってみよう」と、どの生徒も挑戦的だ。それは、生徒自身が感性や想像力を働かせて、対象や事象を「造形的な視点」で捉え、自分としての意味や価値を作り出しているという実感があるからであろう。改めて、「造形実験」を一年生で導入することの重要性を感じている。

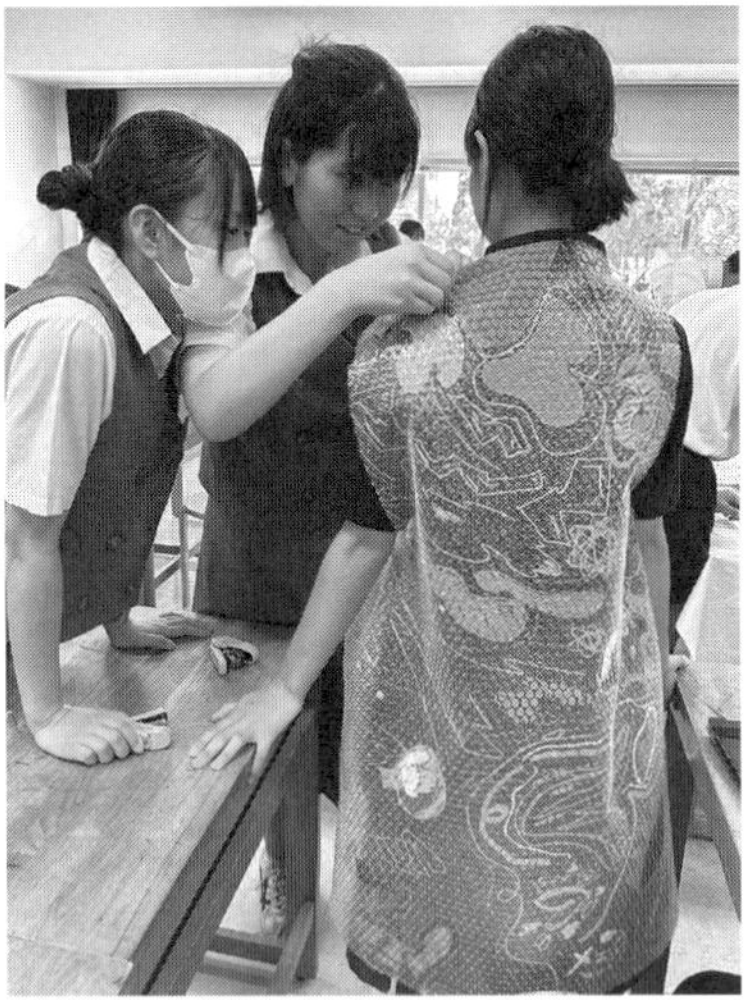

〔11〕ファッションの可能性について考える

三年間にわたり、「造形実験」に取り組んできた。一年目（二〇一九年）はまさに手探りであった。どうしても教師が、テーマやイメージを表すために作品を描かせたりつくらせる指導に陥り、これまでの指導経験が邪魔をしていると痛感した。そこで、二年目（二〇二〇年）、三年目（二〇二一年）は、改めて、小学校の

「造形遊び」について学び直したり、「制作ファイル」をデジタル化して、実験の過程から生徒の「知識・技能」を見取れるように工夫をした。教師は、常に学び続けると同時に「挑み続ける存在」でなくてはならない。変化を恐れず、新しいことに挑戦することで、教師自身も新たな発見や価値を見出すことができるのである。まさに教師にとっても「造形実験」なのである。

また、「造形実験」は、どの地域や学校でも実践できる授業である。そのためにも三年間の実践をまとめ、次世代を担う美術教師にその魅力や成果について伝えていきたい。

4 素材体験と造形実験

田中真二朗

素材体験の題材として「一枚の紙から一〇〇のテクスチャー」という優れた実践を生んだ筆者が、造形実験との違いを語る。子どもから学んだ「もっと子どもを信じること、もっと子どもに任せてみる」「『作品づくり』という考えを捨てる覚悟が教師に求められる」。

教師もこれまでの授業の概念をつくり変えていく必要がある。造形実験は教師自身の学びなのである。

これからの授業を考える

ＶＵＣＡ[*1]の時代を生き抜く子どもたちのための授業とは、どのようなものだろうか。ＧＩＧＡスクール構想により一人一台タブレットが行き渡り、「個別最適な学び」「協働的な学び」という視点で、これまでの授業のあり方を見つめ直す機会が圧倒的に増えたのではないだろうか。美術科においても同様に、作品づくりのための授業から資質・能力を育成するための授業へと変えていく必要があり、題材観を考え直す必要があると感じている。

ＡＩ社会やＶＵＣＡの時代を生きていく上で、自分なりの答えを導き出す必要性が高まってきている。この、自分なりの答えを探究する授業が「造形実験」なのだが、本稿では、これまでの「造形実験」の取り組みと授業観の変化について、また「素材体験」との違いについて述べていく。

「造形実験」という授業観の変革

造形実験を初めて実践した際、テーマは「緊張感」で統一し、設定時数は全八時間（探究六時間、プレゼンテーション二時間）とした。授業の流れとしては、「緊張感」という言葉から場面や人、もの、ことを連想した後に表現活動に入った。生徒が発想し構想したのは、実に多様なものであったが、六時間をかけて一つの作品をつくり上げるという授業になってしまったのである。単にテーマを与えた、材料選択が自由な表現の授業である。

生徒の作品は、「怪我をした瞬間の緊張感」「人前で発表する時の緊張感」「自分の思いを素直に出していいのか戸惑う時の感情」など様々で、テーマに対して「主題」を生み出し、制作したことになる。もちろんそこに探究的な学びがない訳ではない。教師が意図した、試行錯誤の中で造形的な言葉（知識）を発見し、表現方法を試行錯誤していく中で、色彩や形の意味を探っていく取り組みにはなっていかなかったのである。生徒のプレゼンテーションの内容も、緊張というものをどのように表せるかという実験的な探究ではなく、緊張の場面を表すためにどのように制作していったのか、というものになっていた。

つくりたいイメージが明確であればあるほど、様々な表現方法を探究していく活動は停滞し、一つの作品づくりへと没頭するようになると感じた。より探究的な学びに変えていくには、あえて「作品づくり」という考えを捨てる覚悟が、教師に求められるのではないかと気づいたのである。作品を完成することに注力させずに、レポートやポートフォリオ等の記録に残す方法がよいと感じ、次年度の反省材料とした。

次年度も同じテーマで進めようと、「緊張感を考える」という「考えること」を主軸にしたアプローチで始めてみた。最初の一時間は緊張を「描く」活動、次の時間は「つくる」活動、三時間目以降は「自分に合った方法で試す」という活動の流れで、一時間ごとに自分の活動内容をパワーポイントに記録していった。[*2] こうしたことにより、「作品づくり」という要素は薄まり、美術室にある材料などを使って、どのような表現が自分のイメージする緊張感に近いのかを考え、主体的に試す姿が見られるようになってきたのである。まさに、「実験」という言葉があてはまる授業の形態になった。

前回の造形実験の時は、一人一人が作品づくりに没頭しているため、周りの制作の様子から影響を受けて自分の実験に生かそうとする生徒は多くなかったが、次年度に行った際は、実験の内容が影響し合い、試行錯誤の内容が広がったり深まったりすることがうかがえた。例えば、違う種類の色水を同時に流して交わる瞬間を映像に撮っている実験を見た生徒は、タブレットに内蔵されたカメラのレンズ上に試験管を置き、色水を垂らし込む動画を撮影したり、和紙を扱っていた生徒は、色水を染み込ませる表現を思いついたり、器に満杯に入れた水を溢れさせる動画を撮影するなど、多くの生徒に気づきやヒントを与えていた。このように相互に影響し合い探究していく姿が見られたことに、造形実験の可能性を感じるとともに、これまでの授業とは違った授業観の変革を意識することになったのである。

「素材体験」と「造形実験」の違い

表現題材において、材料と関わる時間を意図的に設け、材料の可能性を考える時間を保証する教師も多いのではないだろうか。表現方法の幅に違いが出るだけでなく、生徒の主題を追求する上でも必要な時間となる活動を、ここでは「素材体験」と称し、「造形実験」との違いについて述べたいと思う。

「素材体験」と「造形実験」は、活動を見るとどちらも実験的な要素があり、似た活動となっているが、「素材体験」は表現の実験的活動（表し方の実験）で、主に技能を高めるねらいに対して、「造形実験」は表現というよりも、考え方、イメージの拡張をねらいとした実験であり、造形言語、「造形的な視点」を獲得していくものである。この違いについて、授業の詳細や生徒の活動、コメント等で整理していく。

素材体験について

既存の「紙」という素材を見つめ直し、可能性を探る「一枚の紙から一〇〇のテクスチャー」という題材を紹介する。切る、折る、丸める、裂く、編むなどの多様な行為を紙に施して、その変化を楽しむ授業でもある（A表現（2）創造的に表す技能を開花させ伸ばすための取り組み。A表現（1）イ 素材からの発想

—デザイン工芸領域にも該当する題材と言える）。

授業の概要として、初めに紙の用途を考え、紙の歴史にも触れながら人間と紙の関係を理解した上で、手元にあるコピー用紙を、叩いたり、擦ったり、濡らしたり色々な行為を試しながら、高級ティッシュペーパーのような質感に変化させる活動を行う。次に、紙にできる加工法・行為を思いつく限り挙げさせ、それらを試しながら新たな質感を一〇〇態生み出すというのが本題材の課題である。コピー用紙を再び配布し、切る、結ぶ、引っ張る、引っ掻く、折る、編む、重ねるなど様々な行為によって紙の変化を楽しむ。ここではとにかく手を動かして試させ、でき上がったテクスチャーを並べて鑑賞する。初めはツルツルの紙が、多様な種類の質感、形に変化している様に驚くのである。材料にしっかりと関わることで、一つの材料で多様な表現ができるという見方・考え方に変容する。この活動の後は様々な題材へと応用・発展できる〔1〕。

生徒Aは、紙を切る→紙を編む→紙に着色する→その紙を編むといった行為の結果から新たな発想を得て、その可能性のおもしろさを追究する姿が見られた。紙を細長く切る行為をしながら、他の生徒の行為を見て、紙を編むことを思いつき編んでいったのである。さらに

〔1〕「1枚の紙から100のテクスチャー」のサンプル

編みながら、色を変えると面白い変化がつくことに気づき、絵具で着彩した細長い紙を編んでいき、一つの生地のように仕上げた。

こうした授業を積み重ねると、与えられた材料、もしくは選択する材料を決まりきった使い方やデフォルトの状態で使うのではなく、自分のテーマに合った質感にするために、様々な加工を施す工夫を繰り広げていく可能性がある。創造的な技能を高める手立てとしても有効であることから、多くの学校で取り入れている活動である。

造形実験について

授業の概要は、統一したテーマから各自がどのように表現するかを模索しながら、そこで造形的な言葉を獲得していくことにある。設定時数は全一〇時間（探究八時間、プレゼンテーション二時間）。授業の流れとしては、一時間目は描いて考える活動、二時間目は立体的につくって考える活動、三時間目以降からは自分に合った方法で考える活動となる。

これまで「緊張感を考える」というテーマで実験を行ってきたが、生徒と造形実験のテーマを考えるところから始めることにした。〔2〕のように、思いつくテーマを挙げてもらい、みんなで話し合って今回のテーマを決めた。「友達との距離感」や「友情」というテーマに多くの票が入ったが、全ての人が経験し、「様々な捉え方ができるようなものの方が考えやすいのではないか」という理由で、テーマは「喜びを考える」に決まった。

これまではそれぞれの生徒がやっていることを授業中に見て歩くか、またはプレゼンの時に初めて知るしかなかったが、常に誰がどのような実験に取り組んでいるのかを知ることができるように、学習支援アプリで他者参照できるように改善をした〔3・4〕。また、毎時間振り返りを書くことにしているが、次時に取り組もうとする内容に広がりが見られるようになったほか、自分の実験内容をさらに深化させようとする生徒や、他の人が使っている材料を試そうとする生徒、または掛け合わせようとする生徒など、他者参照することで振り返りの質が高まったと感じている。

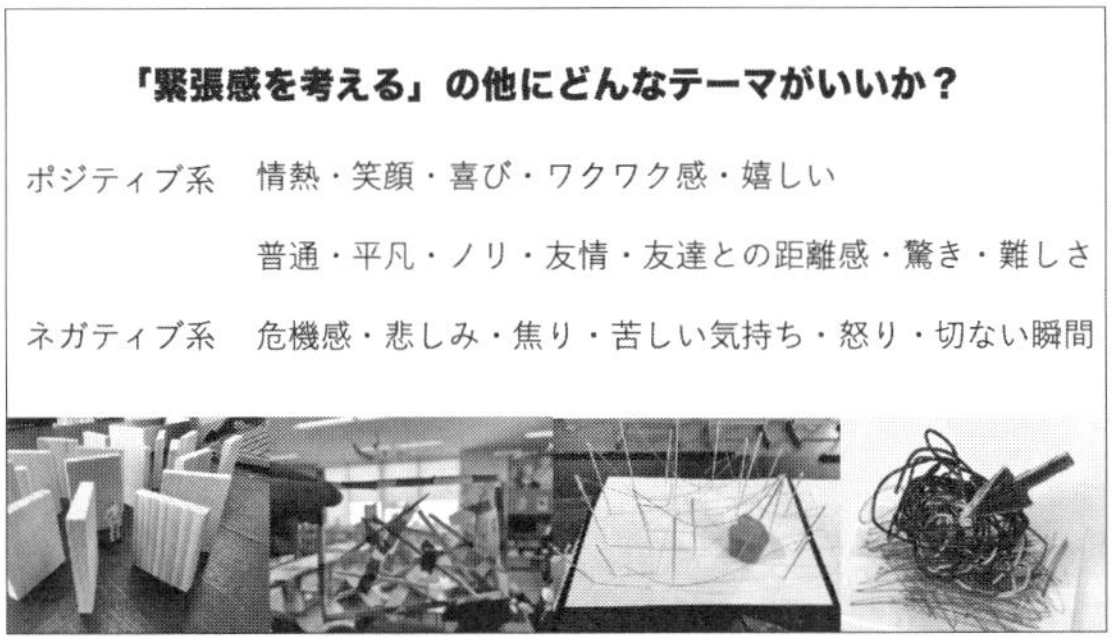

〔2〕生徒が挙げた造形実験のテーマの一覧

〔3〕生徒による造形実験の様子を記録したシート

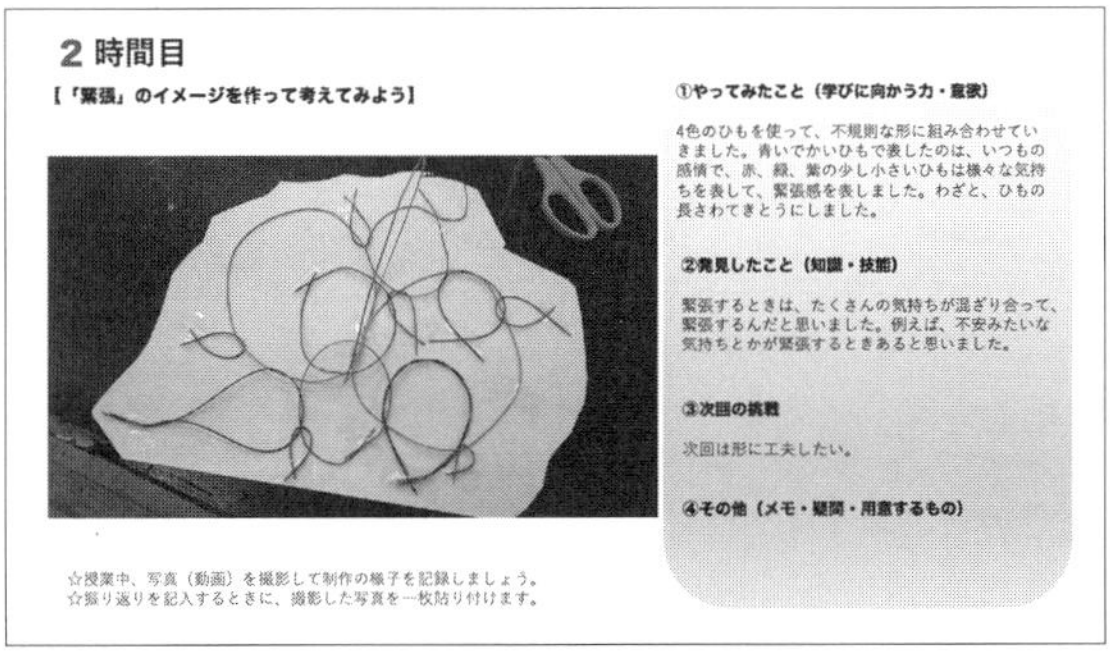

〔4〕他者が参照できる1時間ごとの生徒の記録

ここで生徒Bの振り返りを見てみよう。

私の中での「喜び」が、様々な材料に触れ、考えることで、実験途中に大きく変わっていった。自分の考えを実際に形に表して整理することで新たな実験についての考えや発想が生まれ、自分でもこんなに考えに変化がみられるのかと驚いている。表現方法もたくさんで自分の思い通りにいかないこともあるが、そこからどうするのか考えて実行してみることが大切だと気づいた。喜びは面白さや発見があるときに生まれるという考えになったので、見た人が「えっ?」となるような表現を心掛けた。光沢がある素材をベースにイメージを形にすることを楽しめた。

また、生徒Bの造形実験全体を通しての感想には、こう記されている。

自分の考えを形にすることで新たな発見やアイデアにつながり、どんどん広がっていくことに気づいた。実際に行動してみることが身につき、経験や知識を増やすことになるのだと学んだ。思い通りにいかないときは解決策を考えたり、いろいろチャレンジしたりしてみたい。完成形をイメージするとそれに沿って色々試すことができ、とにかく考えずにできたものを作品とすると発見や驚きが生まれることがあり、どちらにも良さがあると思う。成功・失敗をすることで新たな不思議や疑問が生まれ、イメージをもとに形にすると考えがまとまるなと思った。様々なものに触れて、見て、聴いて、試して私をレベルアップすることができた。

つくりながらイメージを広げる造形実験

生徒Ｂの感想にもあるように、この造形実験は拡散型の思考をする一面がある。通常の表現の授業のように、初めから完成形をイメージして、試行錯誤しながら造形的な特徴が感情にもたらす効果を感じ取って進めていった場合と、そうではなく、材料を触りながら感覚的に表現しようとした場合の違いについて述べている。材料に触れながら、感覚的に実験をした際に、これまで自分では思いつかなかった表現となり、新たな発見や驚きにつながることに気づいている。この新たな発見や驚きとは、何気なく、または感覚的に行った造形行為が組み合わさり、生徒が思う「喜び」というイメージに合致したことを認識している。これは〔共通事項〕「イ 造形的な特徴などを基に、全体のイメージや作風などで捉えることを理解すること。」の内容にあたるものとなっている。

また、時間を重ねるにつれて、「喜び」の意味について深く思考していることもうかがえる。一時間目は「喜び」という言葉が持つイメージを端的にキラキラというイメージで考え表現しているのに対して、七時間目は自分との関係性で考え、八時

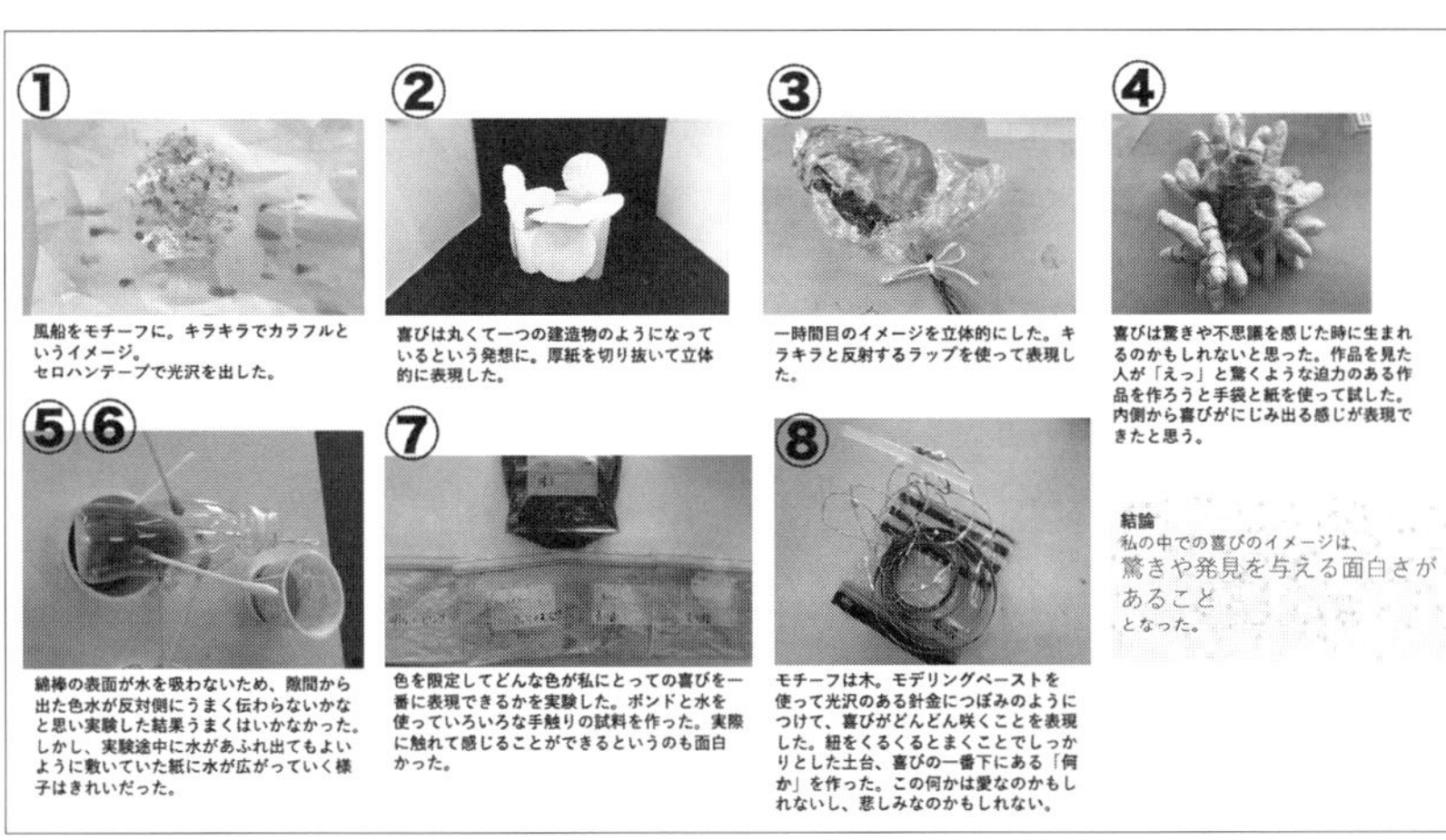
①
風船をモチーフに。キラキラでカラフルというイメージ。
セロハンテープで光沢を出した。
②
喜びは丸くて一つの建造物のようになっているという発想に。厚紙を切り抜いて立体的に表現した。
③
一時間目のイメージを立体的にした。キラキラと反射するラップを使って表現した。
④
喜びは驚きや不思議を感じた時に生まれるのかもしれないと思った。作品を見た人が「えっ」と驚くような迫力のある作品を作ろうと手袋と紙を使って試した。内側から喜びがにじみ出る感じが表現できたと思う。
⑤⑥
綿棒の表面が水を吸わないため、隙間から出た色水が反対側にうまく伝わらないかなと思い実験した結果うまくはいかなかった。しかし、実験途中に水があふれ出てもよいように敷いていた紙に水が広がっていく様子はきれいだった。
⑦
色を限定してどんな色が私にとっての喜びを一番に表現できるかを実験した。ボンドと水を使っていろいろな手触りの試料を作った。実際に触れて感じることができるというのも面白かった。
⑧
モチーフは木。モデリングペーストを使って光沢のある針金につぼみのようにつけて、喜びがどんどん咲くことを表現した。紐をくるくるとまくことでしっかりとした土台、喜びの一番下にある「何か」を作った。この何かは愛なのかもしれないし、悲しみなのかもしれない。
結論
私の中での喜びのイメージは、
驚きや発見を与える面白さがあること
となった。

〔5〕生徒Ｂの造形実験の成果のまとめ

間目は喜びの構造を考えて表現を試みている。「喜び」というテーマを多角的なアプローチで捉えようとしていることがこのまとめから推察できる〔5〕。

このように、「素材体験」と「造形実験」の違いは、「表現方法を拡張する探究活動」と「表現及び鑑賞の考え方、イメージを拡張する探究活動」に分けて考えることができるのではないだろうか。

「表現方法を拡張する探究活動」は、加工方法を生徒に挙げてもらい、試す中で多くの気づきや発見を繰り返し、紙という素材を質的に変容させイメージを広げたり、多様な表現へと昇華させるきっかけをつくったりするものである。与えられた材料に一手間加えることで作品の質に変化を与え、より独創性の高い作品が生み出される可能性がある。創造的に表す技能を中心に育てることができる学習活動となっている。

一方、「表現及び鑑賞の考え方、イメージを拡張する探究活動」は、テーマと自分との関わりを深く考えながら、どのような表現が可能かを考え、試行錯誤しながら造形言語を獲得していくことになる。これまでの学習で理解してきた〔共通事項〕がアップデートされていくのである。実験の初めは、生徒個人の主観で喜びを考え、表現することを通して造形的な特徴を理解していく（〔共通事項〕のア）のだが、実験を重ね、他者の考え方に触れることで（〔共通事項〕のイ）イメージや作風を捉えることも理解するようになる。

一般的に授業では、表現方法が決められ、使う材料も指定されている題材が多くを占めているのが現状である。しかし、造形実験は、仮説→表現（実験）→考察（振り返り）という流れの中で、自分とテーマとの関係を深く考え、表現方法や材料の制限なく、どのような形や色彩を組み合わせたら「喜び」を表すことができるかという知識を習得する授業である。多様な造形的行為が自分の答え（喜びのイメージ）としてどうかを判断し、仮説→表現（実験）→考察（振り返り）の繰り返しの中でイメージや表現の可能性を探究していくことになる。表現と鑑賞を往還しながら、造形的な見方・考え方を磨く時間（知識を中心に育てる時間）とも言えるのではないだろうか。

知識技能は、思考力・判断力・表現力を育むベースとなる。習得された知識は、活用されて、表現と鑑賞の活動を動かすことにつながってくる。造形実験はこの知識（造形的な見方・考え方、「造形的な視点」をもつ力）を育む授業となる。

作品をつくらせることが目的ではなく、イメージの言語化、こうした言語を獲得していくことで、より美術の捉え方の幅が広がり、新たなイノベーションにつながる思考ができるようになったり、チャレンジができるようになるのかもしれない。

生徒とともに教師も探究する授業

造形実験を行った成果としては、作品を完成させようとするのではなく、自分のイメージを具現化するための仮説を立て、実験をもとに検証していく活動となり、失敗を恐れない、実験を楽しむ姿が見られたことだろう。新たに知識を獲得する姿、仲間の考え方や見方を吸収し、自分の実験につなげ主体的に知識の習得に向かっている姿、これは本校の美術科が目指す子ども像と重なる。「自分なりの答え」よりも「誰かと一緒」の方が安心する傾向にある中学生だが、実験を積み重ねながら、「自分」というものを見つめることにつながっているのではないかと考えている。

課題として挙げるならば、授業観の変革にどう対応するかだろう。生徒の要求に対して教師がどこまで寛容になれるのか、どこまで認めるのかという点で、悩む教師も出てくるかもしれない。私自身、「作品をつくる」

という呪縛からどうしても抜けきれないでいる。ここからの脱却は、なかなか難しく、自分の中に染み込んでしまっているものでもある。こうした「つくらせなければならない」という考えをアンラーニングするいい機会ではないだろうか。また、より〔共通事項〕のイに焦点をあてた授業を組み立てるのであれば、造形実験の最初は鑑賞から入ってみるとどうなるのか検証してみることを考えている。正解のない（いくつもある）授業だからこそ、子どもたちと同じように、教師側も実験的に授業を考えていく必要がある。

この造形実験を実践してからよく思うことは、もっと子どもを信じること、もっと子どもに任せてみるということだ。これまでの授業スタイルは、どうしても教師の思い描くゴールが強すぎて、そこに向かうような授業スタイルになっていた節もある。ねらいに応じて材料を限定する方法も学びとしては非常に有効である。しかし、現代の美術表現を学ぶ上で、そして、より探究的な時間をつくり出すには、このような実験スタイルの授業も一つの手立てとしてあってもよいのではないかと考えている。

子どもたちの知的好奇心がくすぐられ、周りからの刺激に影響され、探究心に火がつく瞬間を目のあたりにしてきた。彼らのこうした経験が、この後の美術の学びに大きく関わってくるし、美術以外の学び、さらには生き方にもつながるのではないかと期待している。ＶＵＣＡの時代を生き抜く子どもたちに必要な学びはどのようなものか。私はこの造形実験を実践しながら目の前の子どもたちと「価値をつくり出す活動」の面白さや可能性をともに探究していきたいと考えている。

＊註

1　ＶＵＣＡとは、「Volatility：変動性、Uncertainty：不確実性、Complexity：複雑性、Ambiguity：曖昧性」の頭文字をとった造語で、「先行きが不透明で、将来の予測が困難な状態」を意味している。

2　埼玉大学教育学部附属中学校、小西悟士教諭の振り返りシート（本書四四頁参照）を共有させてもらい本校でも活用した。

5 母島での造形実験の取り組みから

大黒洋平

小笠原村立母島中学校。都心から一〇〇〇キロメートル離れた離島での造形実験。小中兼務発令で、小学校の図画工作と中学校の美術を教えることとなった。小学校の造形遊びと中学校での造形実験。それは小学校から中学校への学びの接続に関わってくる。造形実験では子どもたちの発達に応じてテーマを変えてみた。また、二年、三年合同で取り組んでみた。

「造形実験」の実施まで

中学校での教職生活が一〇年ほど経過し、私は、次のようなことを感じることが多くなった。「生徒の造形的なイメージに対する感覚や感性が、美術科の学習を通して本当に高まっているのだろうか」、そして「学習指導要領のA表現・B鑑賞の領域では指導しきれないことがあるのではないか」という二点である。これらの意識や課題を解決していくためには、社会の変化や動向に注視し、生徒と授業をつくりながら、新たな視点で表現及び鑑賞の学習活動を捉え直していく必要があるのではないかと。

そんな中、二〇二〇年二月末から新型コロナウイルス感染症の世界的な感染拡大、かつ、その四月から私は、高度僻地小規模校に異動となり、都内最南端の小笠原村立母島中学校に三年間、勤務することとなった。そして、小笠原村教育委員会「小中兼務発令」により、併置の母島小学校三年生以上の図画工作科の授業も担当し（小学校低学年の授業に対しても支援を行った）、小学校図画工作科の「造形遊び」を指導しながら、中学校美術科で「造形実験」をスタートさせることになった。そこで改めて、小学校図画工作科と中学校美術科の違い、とりわけ〔共通事項〕の学習指導要領上の違いを意識しながら授業を行うことにした。児童生徒の発達の段階や特性に合わせて、学習指導要領上の位置付けが異なる図画工作科と美術科の〔共通事項〕の資質・能力をどのように育んでいくかを考えることは、小学校と高等学校の間をつなぐ中学校の役目でもあった。

また、一一五時間と限られた三年間の中学校美術科の授業時数を考えると、より豊かな造形的な学びを生徒に経験させるには、美術科の知識である〔共通事項〕の実感的な理解が最大限に図られ、生きて働く力となっていくことを目指して学習活動を展開し、進めていくことが重要であると再認識することになった。その上で、表現及び鑑賞の活動を内包して進む造形実験の学習は、「造形的な視点」に基づく試行錯誤の過程が学習として大きな意味をもつだろうと考えた。

ここで紹介する造形実験は、母島中学校の快活で素直な生徒だけでなく、学校全体としてこの授業を支えてくれた同僚の多くの支援や助言、そして保護者の大きな理解によって成り立っていた。それは、造形実験が、美術科の授業だけでなく、他教科の知識や技能なども、「造形的な視点」から援用したり活用したりしていく拡散的な学習であったからだ。技術、理科、数学、音楽などといった他教科との接点により、生徒が「造形的な視点」の奥深さに気付いたり捉え直したりすることが、他教科での学びと関連させたことで実現していたからである。

造形実験を進めるにあたって私は、造形実験の学習内容や活動を職員室で他教科の教員である同僚と活発に共有し、活動の場所や道具を美術室に限定しないように協力を求めた。そうすることで、自ずと各教科担任も造形実験に興味や関心を抱いてもらえるようになり、美術室をのぞいたり、生徒が学習活動で必要な場所や道具を美術室外へと求めるようになったりした時に、気持ちよく対応してもらえた。それまでも意識的に、他教科の同僚と美術の学習を通して生徒が成長していく様子を伝えていたが、造形実験ではより意図的に他教科と結び付ける仕掛けをつくることで、生徒の学びの方法や手段が美術室の外へと広がるようにした。時には、技術室の道具や音楽室の楽器を教科担任へ借りにいく生徒や、教材室に眠っていた古い地球儀や数学の立体模型などを使用する生徒もいた。

毎年、一月の学習発表会（保育園・小学校・中学校が合同で行う展覧会）の場で、活動の様子や発表の動画、生徒が作成した造形実験レポートを展覧することで、生徒の学びの姿や記録を保護者だけでなく地域に発信することができた。実施二、三年目には、活動の様子を楽しみにして、テーマや内容に対する質問を生徒や私にしてくる保護者や同僚もいた。「緊張感」をテーマにした二年目の造形実験で「ゴキブリの形や色彩が、どうして人をゾワゾワさせるのか？」ということを考えた男子生徒の発表スライドに、えらく感動した保護者が、展覧会鑑賞後に職員室の私を訪ねて来て、授業の詳細を求めたり、生徒本人に主題への迫り方や思いについて、質問をしたりすることもあった。「音」をテーマにした三年目は、地球儀の半分を頭から被り、いろいろな地域の音や音楽のイメージからドローイングをして、地球儀に巻きつけた生徒の様子を熱心に見入る地域住民や、「中学生になったら、どんなテーマで造形実験ができるかたのしみです！」と鑑賞カードに記す小学生もいた。

何より美術科の学習が、〝「造形的な視点」を基に様々な教科を関連付け、絡めていく拡散的な学びへと結び付けられるメディウム（展色材）のような役割や可能性を秘め、今日的な教育課題を解決していくための極めて重要な教科〟であることを広く実感してもらえたと私は強く感じている。このことは、今後、造形実験をより多くの学校で進めていくために、生徒と大人（教師、保護者、地域）の理解や協力が欠かせないということを示している。美術室を起点に、生徒が拡散的に学ぶ体制や環境を整えることで、造形実験の学習が有機的に広がっていく。だからこそ、美術科教員が広い視点や視野から様々な「ひと」「もの」「こと」を結び付けるメディウムとしての役割が重要であり、必然的にカリキュラムマネジメントの視点に基づきながら造形実験を進めていくことが求められるのだと感じている。

母島中学校における「造形実験」

私は母島小学校の図画工作を担当する中で、造形遊びの学習過程の特徴として大切にされている〝つくり、つくりかえ、つくる姿〟という、試行錯誤の学習活動が、美術科においても、もっと意識されるべきではないかと思った。また、児童は、造形遊びを通して材料や用具、環境などと関わりながら様々なイメージを広げ、再構成をしていく場面が多い。このような造形遊びにおける感覚や行為を大切にした学習過程を中学校でもっと意識的、意図的に設定することが必要ではないかと感じるようになった。

一方、母島中学校の美術科では、求められる多様な題材設定に呼応し、表現の学習に授業時数の多くを割く実態があり、表現と鑑賞のバランスをいかにとるかという課題があり、先に触れた表現と鑑賞が一体的に試行錯誤していく学習活動の充実を強く意識するようになった。そこで造形遊びの学習過程を基に、生徒の発達の段階を鑑みながら中学校で造形実験を設定することで、中学生が「造形的な視点」でイメージをより豊かに捉えることにつながるのではないかと考えた。さらに、限られた授業時数の中で効率的、効果的に表現と鑑賞の活動が展開する新しい領域の設定するために、下記のような領域の概念図を示し、実践を行った〔1〕。

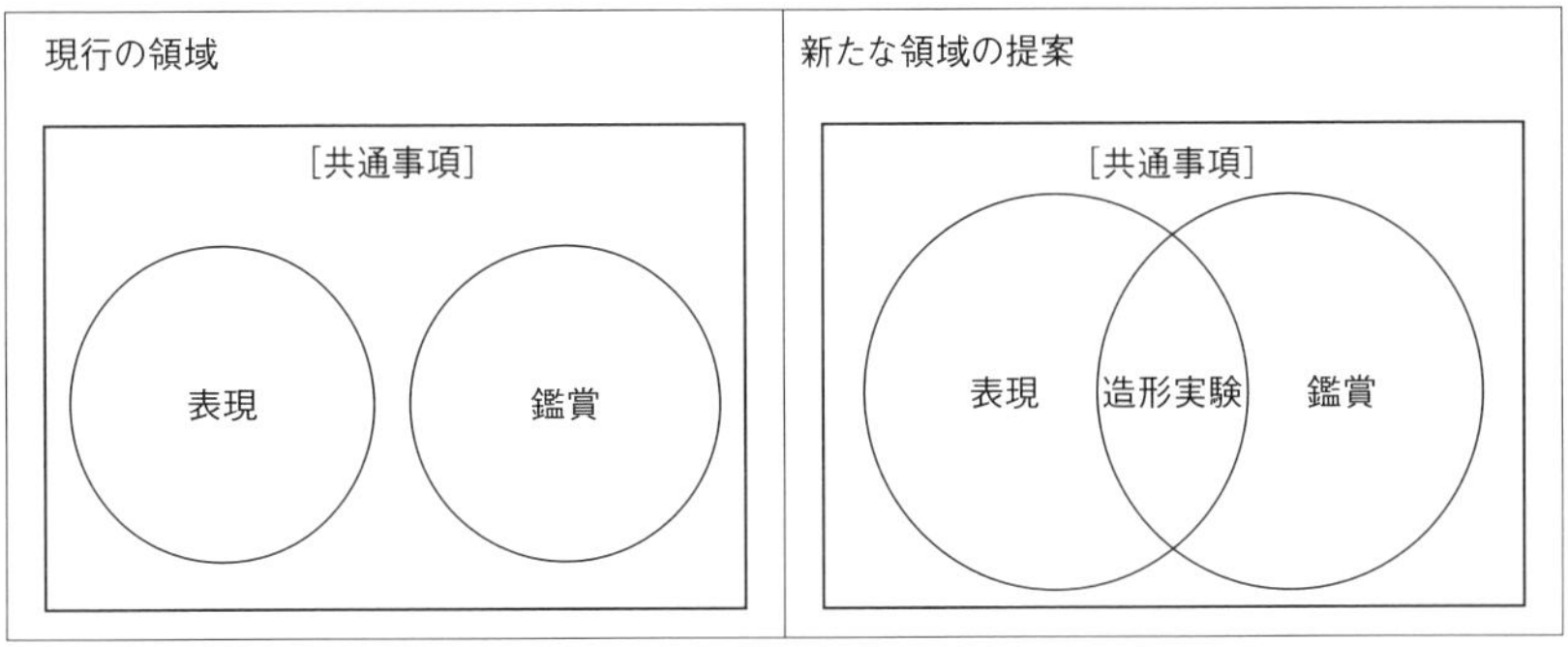
現行の領域
[共通事項]
表現
鑑賞
新たな領域の提案
[共通事項]
表現
造形実験
鑑賞

〔1〕母島中学校における「造形実験」の概念図

〔2〕3 年間の造形実験の流れ

	2020 年度	2021 年度	2022 年度
実施学年	小 6、中 1・2	中 1・2・3	中 1・2・3
テーマ	光	緊張感	音
事前学習	なし	テーマ発表とワークシート事前課題の実施（コロナ休校による課題）	テーマ発表とワークシート事前課題の実施（夏季課題）
1 時間目	導入、テーマの発表	各自が捉えた緊張感について発表	各自が捉えた音について発表
2 時間目	生徒各自が造形実験	生徒各自が造形実験	共通の材料で造形実験
3 時間目			
4 時間目			まとめ・振り返り
5 時間目	発表活動	発表活動	中間発表
6 時間目			生徒各自が造形実験
7 時間目			
8 時間目			発表活動
事後学習	振り返り	振り返り	振り返り

また、母島小中学校での三年間の学習活動の流れをまとめると、上の表のようになる〔2〕。

毎年、同じ時期に造形実験を実施していくことで、生徒はより抽象度の高いテーマに対しても果敢に取り組んでいく姿が見られるようになった。そして授業者である私は、新たな授業をつくり、つくりかえることを存分に味わいながら生徒と共に造形実験を存分に楽しんだ。

二〇二〇年度テーマ「光」（九～一〇月実施）

対象は、小学校六年生（三名）、中学校一年生（三名）・二年生（六名）。一時間目の導入では、美術室内で材料や用具を探し、活用しながら、「光」をテーマに表現活動を中心に学習を進めていくことを生徒に提示した。造形の要素である光の特徴を捉えたり、考えたりするために、学級全体で色料や色光の三原色の実験を行った〔3〕。自然の豊かな環境で育つ生徒にとって光とは、生活と密接に関わる存在であり、具体的なイメージや体験などから造形実験が始まった。

毎時の振り返りは、ワークシートに「造形日記」として、イラストや図などを入れる形式で記録させた。次週の美術の授業までに、前時の振り返りと次回の目標や予定を立てることを課し、学校外での生活の中でも光の役割や効果について気付かせるように促し、造形実験のヒントが探せるように仕掛けた。理科や技術科での学習経験などを関連付ける生徒もいた。

二～四時間目の展開では、生徒同士の活動の様子を鑑賞する時間を設定したり、生活の中の光の性質や効果などについて考えたりする時間を設定し、造形的に光を捉えられる学習環境を整え、造形に関する知識を実感的に

〔3〕導入での造形実験の様子

〔4〕中庭で色水に光を当て、タブレットで記録する様子

理解できるように指導を行った〔4〕。

五時間目のまとめでは、それまでの学習での気付きや考察を「造形的な視点」から生徒がワークシートにまとめ、教師が撮り溜めていたデジタルカメラのデータを活用し、生徒が活動の様子をプロジェクターに映し出して発表活動を行った。アクリル板にカラーセロハンで海中から見た時に反射する太陽の光を表現した生徒や、山や海の光の表現が展開する作品を集めてスライドにまとめる生徒がいた。

二〇二一年度テーマ「緊張感」（九～一〇月実施）

対象は、中学校一年生（三名）・二年生（三名）・三年生（六名）。小笠原村では新型コロナウイルス感染症拡大予防措置として、二学期初めの二週間が休校となった。その期間、タブレットの持ち帰りが村教育委員会の指示によりできなかったため、各自が「緊張感」についてまとめるようにワークシート課題を設定した。

休校明け、一時間目の導入で、タブレット（Google Chromebook）を活用して共有した。これは、コロナ対策で向かい合っての長時間の対話を避けることが必須であったため、タブレットのカメラ越しに発表し、オンラインで交流を図った。緊張感をイメージする状態や様子をイラストでまとめたり、手立てを考えてアイデアスケッチをしたりする様子が見られた。毎時の振り返りは、二〇二〇年度までのワークシート形式を踏襲したが、学習の映像記録は、個人タブレットに随時、生徒自身が記録することにした。よって、生徒がまとめるスライドには、生徒自身や生徒同士で撮影し、記録したデータが使われ、生徒の視点がより明確となり、学習過程をより客観的に追うことができるようになった。

二～四時間目の展開では、表現と鑑賞のどちらを起点として造形実験をするかを生徒自身が決めるように促し、学習を進めた。タブレットや書籍を活用し、自分なりの緊張感についてのイメージを模索していく生徒の様子も見られた。描いたり、つくったりしながら造形実験を進めていく生徒がいれば、タブレットを活用し、Google Arts & Culture や国立美術館鑑賞素材ＢＯＸのホームページ上から緊張感をイメージしたり、連想したりする作品を集め、展覧会を構想する生徒もいた。学習が進むにつれ、生徒同士が互いの進度に対して意見を言ったり、助言をしたりして、互いに学び合う姿が顕著に見られるようになった〔5〕。

五時間目の発表活動では、生徒は、それまでの学習で得た気付きや考察を「造形的な視点」でタブレットのスライドに写真や動画などと共にまとめた。スライドにまとめる際にも、フォントや背景、色をより工夫して編集するようになった。そして、発表の様子は、美術科授業用クラスルームに共有し、互いの動画を確認しながら鑑賞する形式をとった〔6〕。意見や質問などは、タブレットに記録することで、生徒同士でも学びの過程を共有できるようにし、指導者は生徒一人一人の変容をデータとして見取る工夫をした。

二〇二二年度テーマ「音」（九～一〇月実施）

対象は、中学校一年生（七名）・二年生（三名）・三年生（三名）。一学期最後の授業（七月

〔5〕学習活動の共有の様子

〔6〕発表の様子

末）において、二学期初めから造形実験の学習に取り組むことを提示し、テーマである「音」について私から生徒へ説明した。夏休み中の課題として「自分なりに造形的な視点で「音」を解釈し、ワークシートにまとめてくる」ことを課した。

一時間目に、ワークシートを基に各自の考えを発表し、タブレットにワークシートをアップロードし、三学年共通で学習過程や記録をアーカイブ化した。

二・三時間目は、共通の材料を提示し、生徒一人一人が「音」を解釈する材料との関わりの時間を設定した。材料として準備したのは、粘土と折り紙である。粘土は、いずれもアクリル絵具等で混色ができる粘土で、質感や量感の違いがあり、触感や伸び具合の違いが感じられるものを用意し、感覚的に試しながらイメージを広げられることを意図した。粘土は三種、透明感が出るでんぷん粘土、軽量紙粘土二種のいずれかを組み合わせても単体で使ってもよいとした。折り紙は、大中小の三つの異なる大きさで、表面に色が付いており、裏面が白色の一般的なものを準備した。大きさは、五センチ、一五センチ、二四センチ四方のものを大きさごとにトレーに入れて準備した。粘土及び折り紙の両材料を使うことを条件にしたが、組み合わせて使うか、それぞれ別に使うかは、生徒が選べるようにした。造形実験の過程で、組み合わせたり、別々に表現したりしていた。生徒がそれぞれに、材料の持つ特性に応じて、音のイメージを材料で表現（オノマトペを可視化）したり、材料から音自体を表現したりしていた。

四時間目は、共通の材料で造形実験をした結果をタブレットでスライドにまとめた。五時間目は、粘土と折り紙による造形実験を振り返り、中間発表を行った。生徒が発表する際には、「造形的な視点」や発想、構想などに着目して説明し、発表を聞く際にも同様の視点で考察するように指導した。

六・七時間目には、各自がそれぞれの迫り方で造形実験を進めた〔7〕。段ボール、木材、缶などに、どんなものを当てたらどんな音がするかをきっかけにして、それぞれに別々のものが当たった音の感じをドローイングして捉える一年生男子、音が伝わる速さや波形を紙粘土で抽象的な形で表し、それを投げたり、落としたりする様子を動画で撮る一年生女子、音にまつわるオノマトペが感じられる作品を様々な美術館のアーカイブから探してまとめる二年生男子、音の連なりによるリズムや振動を色相に置き換えて表現する三年生女子など、様々な視点でテーマを解釈して造形実験を進める姿があった。

八時間目には、各自がまとめた造形実験の自分なりの解を発表した〔8〕。最終発表では、特に造形的なイメージの捉え方に着目して発表させ、他者と自分なりの価値観や「造形的な視点」を比較するように促した。生徒が造形実験を省察することで、造形的な言葉やイメージなどについて、客観的に振り返る姿が見られた。他の題材で、音楽からイメージして絵を描いたり、音を連想させる絵や立体を表現したり鑑賞したりする学習活動を行っていたため、テーマに対して抵抗感なく学習が進み、造形実験を通して、表現及び鑑賞を包括的に楽しみながら学習活動に取り組む姿が顕著に見られた。

〔7〕学習活動の様子

〔8〕生徒がまとめたスライドの一部

造形実験のテーマ設定について

「造形実験」では「造形遊び」と異なり、実験（探究）のテーマが存在する。このテーマを設定する理由が二つ挙げられる。

まずは「図画工作科と美術科における〔共通事項〕の位置付けの違い」である〔9〕。小学校、中学校の学習指導要領では、小学校から中学校にかけて〔共通事項〕イが知識に変化するのは、小学校図画工作科における六年間の学びが蓄積されて、中学校では、それらが知識となり、小学校のイメージを持つこと（思考力・判断力・表現力等）から理解すること（知識）へ発展していくからである。そのため、中学校では、造形的な知識を構造化して捉えることが必要になる。造形の要素について着目させながらも、中学生の発達の段階を踏まえ、様々な教科で学んでいく抽象的な概念や多様な事象を組み合わせたり、つなげたりする学びの発展性とも関わってくると考えられる。

次に、「中学校美術科の時数の制約」である。図画工作と異なり、週一コマ（時期によっては二コマ）の五〇分と

〔9〕小学校から高等学校までの〔共通事項〕

小学校第１学年及び第２学年	小学校第３学年及び第４学年	小学校第５学年及び第６学年	中学校	高等学校芸術科美術Ⅰ
知識				
ア 自分の感覚や行為を通して、形や色などに気付くこと。	ア 自分の感覚や行為を通して、形や色などの感じが分かること。	ア 自分の感覚や行為を通して、形や色などの造形的な特徴を理解すること。	ア 形や色彩、材料、光などの性質や、それらが感情にもたらす効果などを理解すること。	ア 造形の要素の働きを理解すること。
思考力、判断力、表現力等			知識	
イ 形や色などを基に、自分のイメージをもつこと。	イ 形や色などの感じを基に、自分のイメージをもつこと。	イ 形や色などの造形的な特徴を基に、自分のイメージをもつこと。	イ 造形的な特徴などを基に、全体のイメージや作風などで捉えることを理解すること。	イ 造形的な特徴などを基に、全体のイメージや作風、様式などで捉えることを理解すること。

いう限られた時間となり、これは効率的に造形的な知識を身に付けさせなければいけないことを意味する。よって、制約のある時間内であっても生徒が試行錯誤することを保証し、〔共通事項〕を実感的に学んでいくことが求められる。そのためには、テーマ設定という「枠組み」を設けることで、テーマに対して自分なりの学習課題を探究していくことができる。中学校は、教科担任制による教科毎の学習の深まりや、発達の段階として、物事を抽象化したり、様々な教科で学んだことを関連付けたりするようになってくることから、テーマを共通認識として設定することで、学級や学年としての集団全体で、より「造形的な視点」を際立たせて学習に取り組むことができる。そして教師にとっては、材料や用具などの準備や選択が、テーマを設定することで、見通しをもって行えるようになるからである。

三年間のテーマの流れと振り返り

二〇二〇年度は造形実験という学習方法や位置付けを生徒自身に学んで欲しかったため、「光」という造形における欠かせない要素からスタートし、表現と鑑賞の双方でテーマに対して生徒自身が探究していけるようにした。二年目の二〇二一年度は、感覚的なイメージや体験を生徒同士が共有しやすい「緊張感」を設定した。

二年間の活動を振り返り、生徒の学習履歴を分析すると、発想や構想の能力をより高めながら、造形的に対象を捉える感覚が身に付いていることが確認できたが、学級全体で造形に関する様々な知識を共有し、獲得していくことについては不十分であると感じた。その原因は、学級を構成する人数が極度に少ないことである。母島中学校は超小規模校であるため、学級を構成する生徒数が一〇名以下である。共同的な学びを実現するには、学級を構成する人数を意図的に大きくする必要があった。二〇二〇及び二〇二一年度は学年ごとの単学級で授業を実施し、学級を構成する生徒が三〜六名の学習集団であった。よって、発想や構想の段階での生徒同士の有機的な学びがダイナミックに成立していくことは難しかった。そうした反省から二〇二二年度は、生徒の実態や特性に応じ、二学年ないし三学年合同で実施し、学習集団の人数を大きくすることで、人数の多さに起因する多様な学習活動が展開される場を設定した。異年齢による集団での発達の段階の違いも越えながら、生徒同士がより表し方を工夫したり、材料や用具の使用方法などについて互いに学び合ったりするという効果が見られ、生徒が互いに学習過程を鑑賞し合い、随時、進度を共有したり、それぞれの学習活動に対する意見や考えを言い合ったりするようになった。また、美術室に置かれた各自の造形実験の過程（スタディ）を授業前や放課後に見合う様子や、新たな学びを広げ、深める様子が顕著であった。これは、三年間継続実施してきた二・三年生に多く認められた。初めて造形実験を実施する一年生はそれを見て、自身の活動の動機付けにするなど、学びを共有しようとするよい循環ができあがったのではないだろうか。

三年間、二学期の初めの学習として三年間継続的に実施したことで、それまでの学習活動を振り返ると共に、これからの学習活動に対する見通しをもてることが造形実験によって明確になった。これは、生徒にとってだけでなく、教師にとっても学習活動を三年間という大きな流れで俯瞰しながら、小学校や高等学校の造形活動の接続についてもより意識することにもつながった。

小学校における造形遊びでの学び方や、学習環境を中学校へと意識的に接続させていくためには、造形遊びを発展的に造形実験へと位置付けながら、造形的な知識を構造化して学べる中学校美術科の学習環境や指導方法を整えることが必要であろう。そのことで、表現及び鑑賞の活動が一体的に展開する学びとして、造形実験を中学校美術科の新領域として、位置付けていくことが可能になっていくのではないだろうか。

＊本稿は、三澤一実・小西悟士・大黒洋平「中学校美術における共通領域「造形実験」の提案」（『日本美術教育研究論集』第五五号、二〇二二年）及び大黒洋平「中学校美術における共通領域「造形実験」の提案Ⅱ—小学校「造形遊び」を踏まえて—」（『日本美術教育研究論集』第五六号、二〇二三年）を基にしている。

6

造形実験に挑戦！

南　弥緒

実験という言葉から科学的なアプローチで造形実験を捉えてみた。それは美術発信のＳＴＥＡＭ教育だと思う。美術の知識は個人の感覚を概念化することである。そこでは言葉が重要になる。そもそも美術は科学と近しい関係だ。表現や鑑賞活動を支える知識は、科学的なアプローチをとると実感的に理解しやすいのかもしれない。授業では生徒の美術を通した新たな探究の姿が現れる。

こころの力を育む

造形実験は、新しい授業スタイルである。多くの先生方に挑戦してほしい。なぜならば科学技術の急速な進歩により、学校教育においてもデジタルを活用した学びの提案が溢れる時代となってきた。現に私の授業でも、生徒はICTを文房具の一つとして所持しており自由に使っている。これからは、急速に発展する社会と、個に応じた成長をゆったり見守る教育とをうまく結びつけ、逞しく生きていけるような教育が必要となる。

三年前、三澤一実先生より提案された造形実験という試みは、大変興味深く、自分自身への挑戦であった。時代を変えていくのは科学の力であるが、科学の力を使い、どう時代を変えていくのかを思い描き、決定していくのは、こころの力である。そのこころを育てていくのが美術教育であると考える。そのため、これからの美術の授業として多くの先生方に造形実験に挑戦してもらい、試行錯誤して、こころを育て耕すような授業を共にしたいと思っている。

二〇一九〜二〇二二年にかけての四年間、中学一年生で「緊張感を考える」、二年生では「光の表現を考える」、三年生で「自分を考える」というテーマの造形実験に取り組んだ。生徒自ら、主題（研究テーマ）を決め、仮説を立て、実験をもとに検証していった。探究活動の基本となる授業ともいえる。教師の思いを超えたクリエイティブな活動であった。

私がおこなった造形実験の体系は図［1］のようなものである。実験は、造形活動が主になるが、材料収集や情報収集、整理・分析、アンケート調査、まとめと、各プロセスを意識した試行錯誤を繰り返す活動となる。そこでは一人で黙々と実験をする生徒もいれば、グループでコミュニケーションをとりながら実験する生徒もいた。クラス全体にアンケートを取って回る生徒もいた。金属や紙など無機質な素材を集めて実験する生徒もいれば、自然の素材を融合させながら実験する生徒もいた。またデジタルだけで実験を試みる生徒もいた。なかなか、結論にたどり着けない生徒（活動がとまる生徒）もいれば、先へ先へと活動を進める生徒もいた。与えられた時間の中で、一つのテーマから導き出される活動自体が自分自身への知識と、技能となっていく。試行錯誤の先の発見が、形や言語となって姿を現し、実体験からの学びとなっていった。

様々な生徒の取り組みもさることながら、造形実験に取り組んだ各地の教師の実践も、地域や、学校の規模や特色によって造形実験の授業は様々であった。三年間の研究において、私たちは毎年オンラインで実践発表の場を持ち、各学校の取り組みを報告し合ったが、そこでは本校の取り組みと、他県、他校の造形実験の在り方は違っていた。たとえば、二人一組になって、制作途中で作品を交換し、その都度互いの想いや表現の意図を想像しながら制作を引き継いでいく表現と鑑賞が一体化した授業や、活動自体がダイナミックな授業、テーマに合った作品を選び抜き発表する授業など様々であり、他校の造形実験と私の実践が違うことに不安を感じた。それは自分自身が今まで模範授業、間違えのない授業に理想を求め、造形実験の授業も、他の先生とやり方や成果も一緒であるべきだと考えていたからである。造形実験で戸惑う生徒と同じ気持ちであった。その気持ちを打破

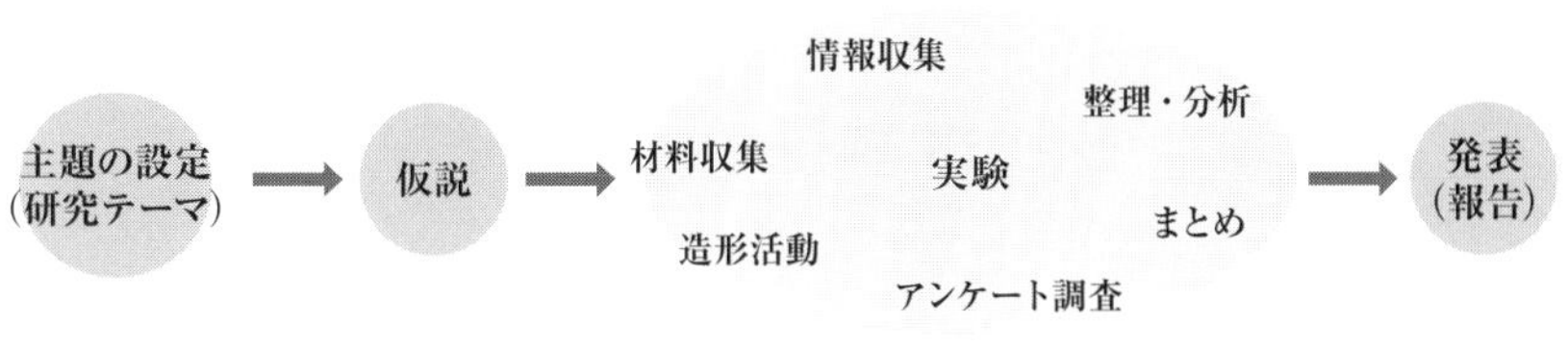

主題の設定
(研究テーマ)
仮説
情報収集
整理・分析
材料収集
実験
まとめ
造形活動
アンケート調査
発表
(報告)

〔1〕造形実験の体系

してくれたのは生徒であった。トータル一〇時間の造形実験のうち二時間の報告会で、自信に満ち溢れた姿の生徒と、学びの成果に向き合えたからである。

以下、中学二年生五名（生徒A〜E）の造形実験のレポートと、三年生のレポート（生徒F）を記載する。

生徒A「光の表現を考える」

絵を見ていると光の表現がどれも似ていると疑問に持ちました。多分規則的な向きであり一点から一方通行なものを光と認識するのではないかと考えました。
それで研究テーマは規則的です。確認のために光ととらえられそうな絵をかいてみました。
まず光ととらえられそうな形です。

とらえられそうな形

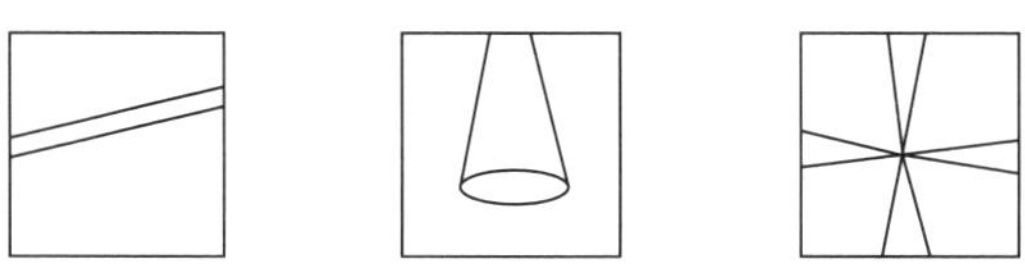

とらえられなそうな形

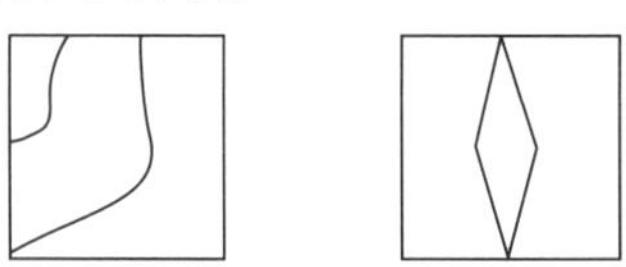

これらの共通点は、一点から一方通行かどうかです。具体的に見ていくと、

（生徒 A-1）

このように光ととらえられそうな図形は一点から一方通行になっています。
しかしとらえられないものは、どこが光の起点なのかわかりません。
まず光の表現に必要なのは一点から一方通行かどうかということがわかりました。

次にこの条件だけで光が表現できるのかと疑問に思いました。
そしてこのような絵をかきました。

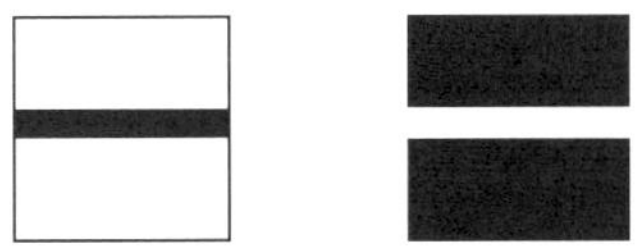

この二つの絵はどちらも先ほどの条件をみたしていますが、左のほうは光のように感じられません。つまり光を表現するにあたって**明度の違いが必要ということがわかりました。**
そこでこのような絵をかきました。

という結果になりました。
僕は、この結果を通して表現をしたいものの条件を考えるときひとつだけではないことがわかりました。これから考えるときに自分が思っていることだけではなくまだほかにもあるかもしれないといった気持ちでいきたいです。

（生徒 A-2）

生徒 B「光の表現を考える—光の色を形として考える—」

1. 実験の動機

冬休みの課題やドローイングを通して、光の表現にグラデーションを利用することは必須であると分かった。どの作品も多くは光源が普通の白色であるが、周りの色が光源から離れていくに連れて暗くなっているため、普通の白色に光を表現できている。グラデーションを使わずに白から急に黒になると、同じ白色でも光を感じない。

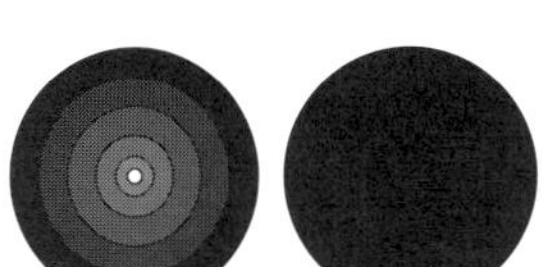

（生徒 B-1）

そこで、この「色の移り変わり」に注目して実験を進めることにした。ただ、色に焦点を当てて考えると「グラデーション」と曖昧な結論になってしまうので、色の移り変わりを図式化し、形と捉えて考えることにした。（※以後、この形のことを「境界線の形」と呼ぶ）

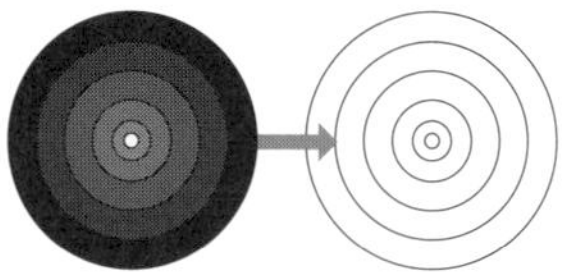

2. 仮説

三種類の作品を鑑賞して、境界線の形が規則的に平行に広がっていることに気づいた。このことから、「境界線の形を平行にすることで光を表現できるのではないか」という仮説を立てた。

3. 主題

「境界線の形について」

4. 実験の方法

パワーポイントで光源と境界線の形をそれぞれ○・△の二種類、さらに平行・不規則と組み合わせ、計 8 種類の図を作成する。そしてどの図が最も光を感じるかをアンケート調査する。

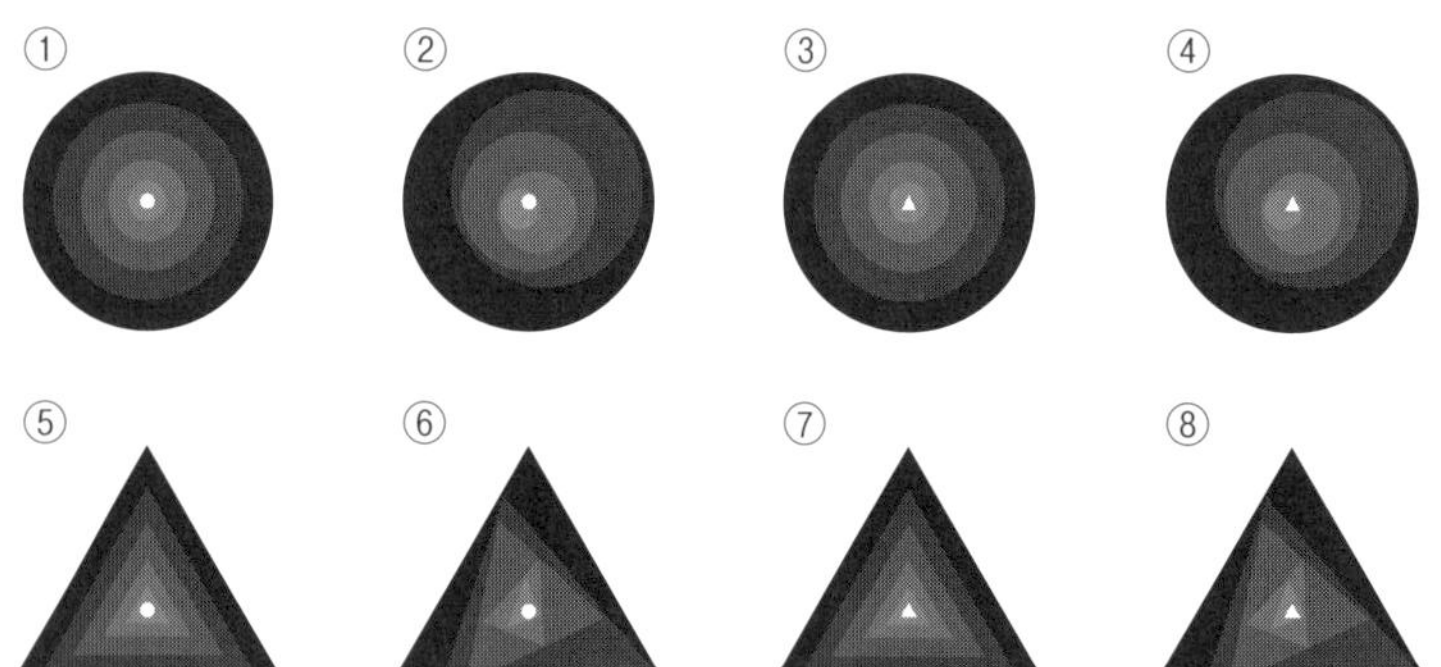

（生徒 B-2）

5. 実験の結果

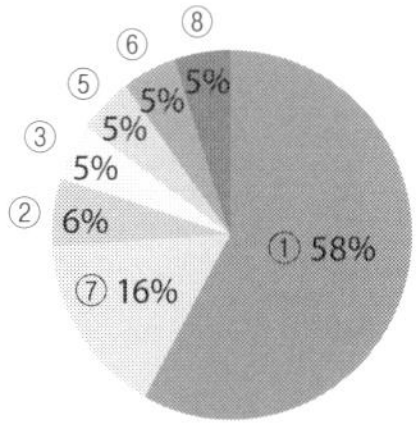

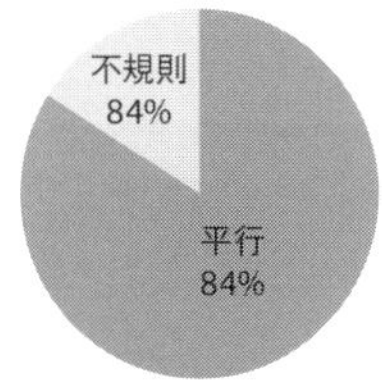

D組の女子21人に調査した。グラフ1は全体の結果を、グラフ2は平行か不規則かで分けた場合の結果を示している。最も多いのは①で、次に多いのは⑦。どちらも光源と境界線がともに平行な図形である。また、平行な図形を選んだ人の割合は84%と高い割合を占めている。

6. 考察

このことから、境界線を平行にすることで光を表現できるのではないかという仮説は正しかったと言える。また、これは光が光源から360度全方向均一に進む性質があるからではないかと思った。この性質を踏まえて考えると、境界線が円形で尚且つ平行である①の図形が最も多い理由が分かる。

《月の光》藤田高明、2014年

《星月夜（糸杉と村）》フィンセント・ファン・ゴッホ、1889年

また、上のように絵画にも円形の境界線が使われていた。

7. 結論

光の境界線を平行に広げてゆくことで光を表現できる。
また、光の境界線を円形にするとさらに光を表現できる。

8. 展望

今後光を表現するときは、境界線を円形にし、平行に広がるように意識したい。

（生徒B-3）

生徒C「光の表現を考える」

○実験の動機・仮説・主題

《夜警》レンブラント・ファン・レイン

グッゲンハイム美術館（建築物）フランク・ロイド・ライト

光の表現作品を探していた時にこの二つの作品を見つけた。
上の絵と写真に共通することは
・明度の差があること
・光が当たってない部分はぼんやりとした雰囲気であること
・特定のものを強調させるために光を用いていること
などが挙げられた。よって光の表現をするときは明度の差やぼんやりとした雰囲気が必要だということを考えた。ここから主題は「**明度の差かぼんやりとした雰囲気またはその両方によって生まれるのではないか**」というものにした。

○実験内容

1 明度の差やぼかしを加えた絵を描き、それぞれ1～12の番号を振り分ける
2 それを比べて光の表現とは何かを考える
3 アンケートを行う

最初アナログで実験をしようとしたが、濃度の差が微妙に出てしまったりうまくぼかせなかったりしたためデジタルに変更した。

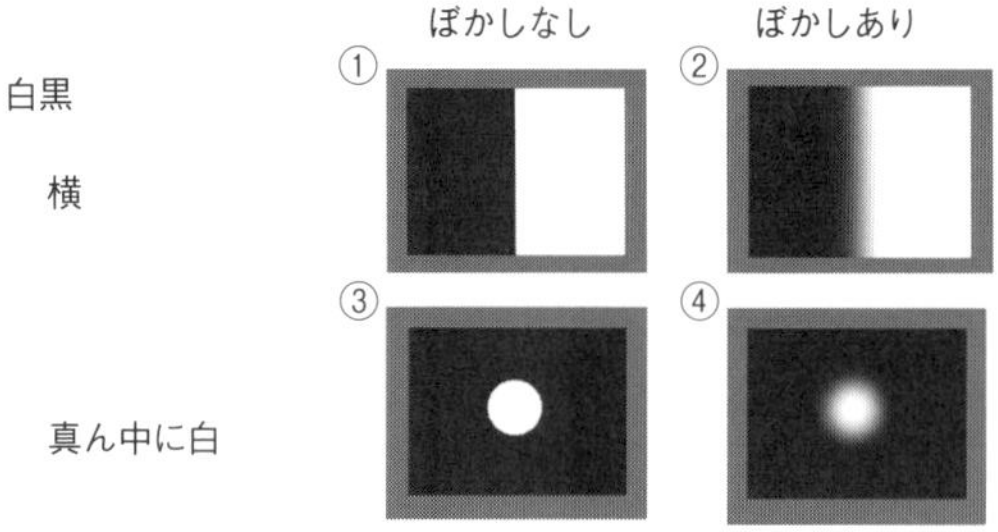

（生徒C-1）

真ん中に黒

グラデーション

横

真ん中に行くにつれて明度高

真ん中に行くにつれて明度低

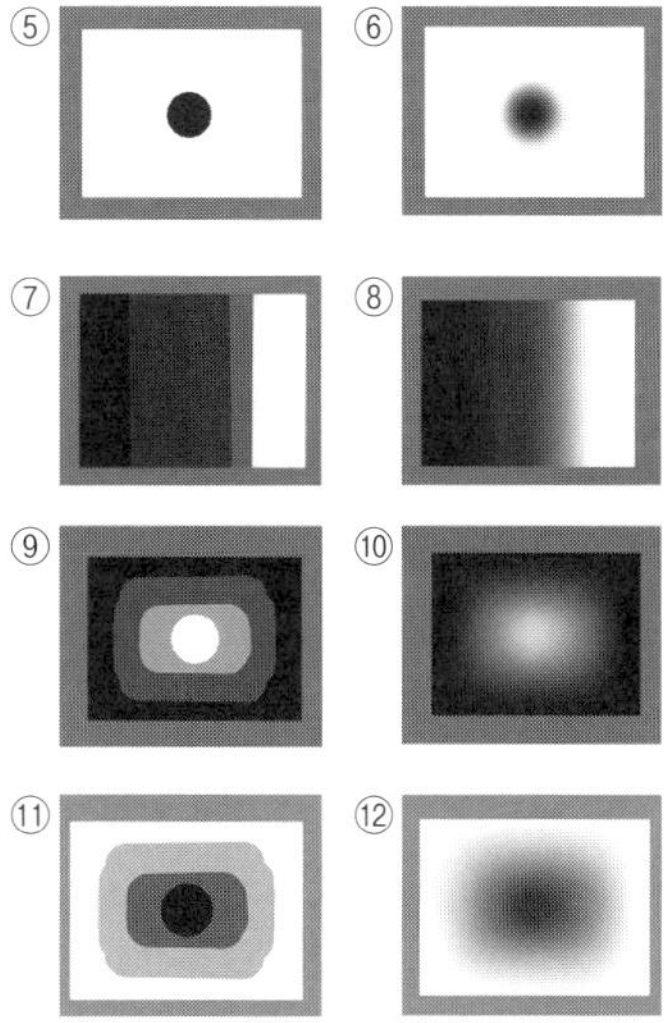

○結果・考察

アンケートを行った結果、④⑨⑩に票が集まった。光の表現が表れていると思った理由を伺ったところそれぞれ

④　真ん中一点に光を当てている感じ
　　ぼやぼやがより光っぽく見せている
　　⑩も真ん中が白でぼやぼやだが、ぼやぼやすぎる
⑨　グラデーションになっているところ
　　中が白になっているところ
⑩　ぼやぼや感があるところ
　　中心に焦点になる
　　真ん中の白が引き立って見える

ということであった。

ここから光の表現は 真ん中の明度が高くなっていること グラデーションになっていたりぼやけていたりしていて境目があいまいになっていること が重要なポイントであるということが分かった。

○展望

今回は明度の低いもの…明度 0 に近い黒、明度の高いもの…明度 10 に近い白として実験を行った。明度の差が小さい時もこのような結果になるのか機会があったら実験してみたい。また、今後絵を描くときなどは今回の実験で分かった光の表現に大事なポイントを活かしていきたい。

（生徒 C-2）

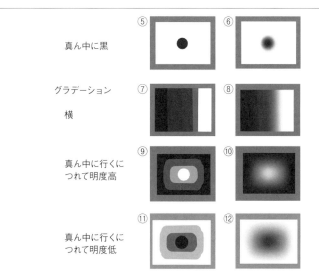

生徒 D「光の表現を考える」

○実験の動機

私が鑑賞した三つの作品（ミレー《松明での鳥の猟》、イサム・ノグチ《AKARI》、チームラボボーダレス）から色は必ずしも白や黄色ではないと感じた。また、光を感じた部分は真ん中のほうから端に行くにつれ、色が薄くなっていると感じた。

これらのことから、色の濃淡やグラデーションなどが光の表現にかかわっているのではないかと思い、実験をすることにした。

○仮説

光の表現とは真ん中が濃く、離れていくにつれ薄くなるようなグラデーションである。

○主題　「光、濃淡、グラデーション」

○実験

〈内容〉

和紙に水性のペンで線を引き、和紙の端を水に濡らし、色のグラデーションを作る。
→ペーパークロマトグラフィーという方法
ペーパークロマトグラフィーとは、混ざった色をわけるものである。水性ペンは絵の具で色を作るようにいくつかの色が混ざって作られている。また、水性ペンは水に溶ける色のついた色素がはいっているので、水によって色を分けることができ、グラデーションが完成する。

この方法を使う理由は、よりリアルな色のグラデーションを作れると思ったからだ。

また、ペーパークロマトグラフィーでは水によって色のグラデーションを作るので、不規則な波長のようにグラデーションがつくれ、光が表現できると思ったからだ。

次の三つの項目について実験を行う
①色について
②形について
③色の広がり方について
〈材料〉 水性ペン、和紙、水
〈経過〉

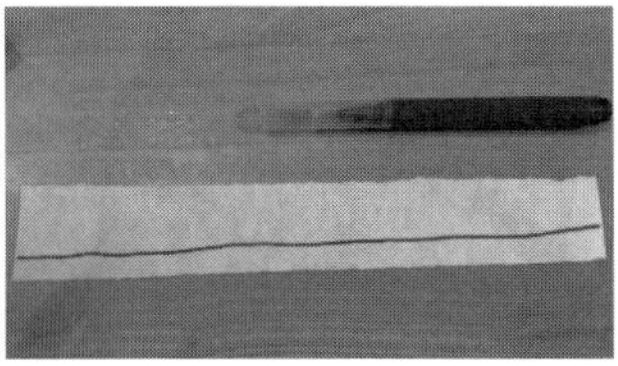

左の写真のように和紙を長方形に切り、水性のペンで線を描く。線の少し下側を水で濡らし、少し待つと色が分かれていき、グラデーションができる。

（生徒 D-1）

○結果

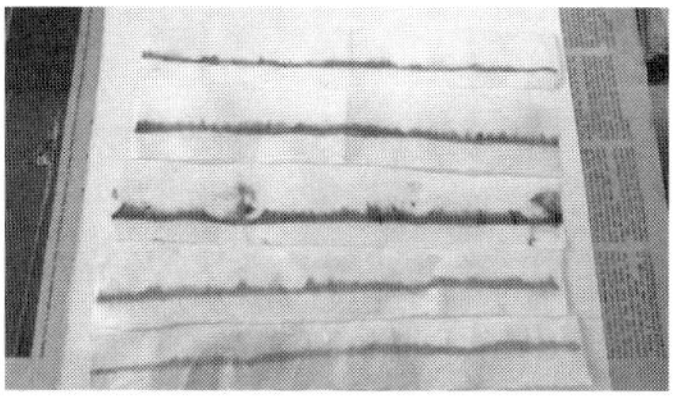

1. 色について
上から、青･赤･緑･オレンジ･黄のペンで行った結果である。→光を感じたのは赤（上から二番目）とオレンジ（上から四番目）

2. 形について

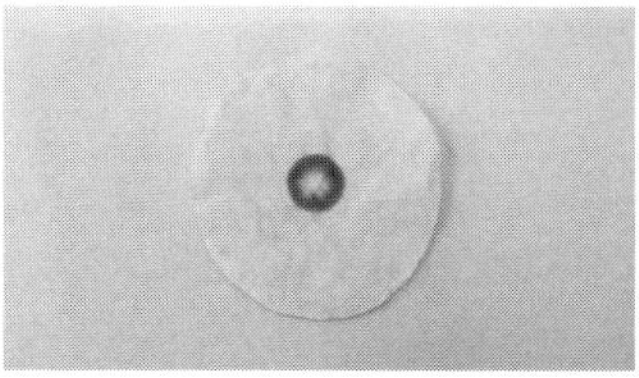

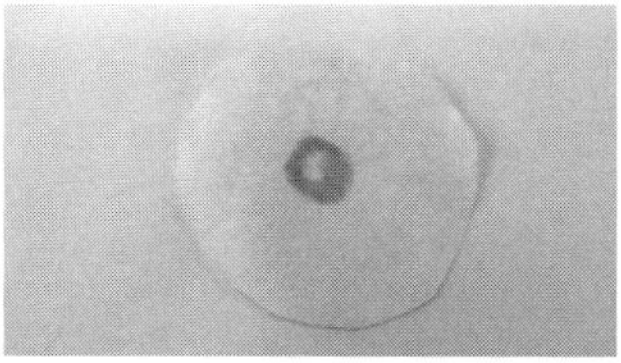

長方形のときに光を感じた赤とオレンジの二色の水性ペンを使い、丸い形で同様の実験を行った。（左：赤　右：オレンジ）→丸い形のほうが光を感じた

3. 色の広がり方について

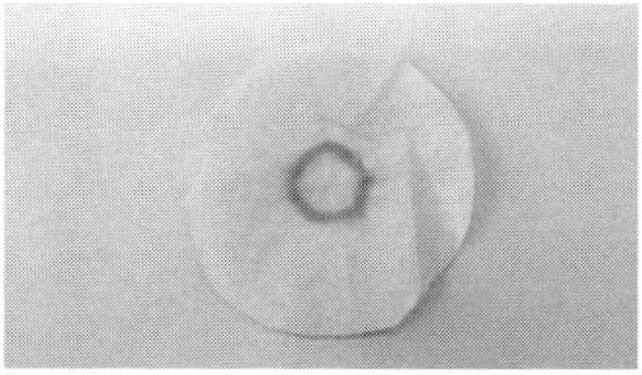

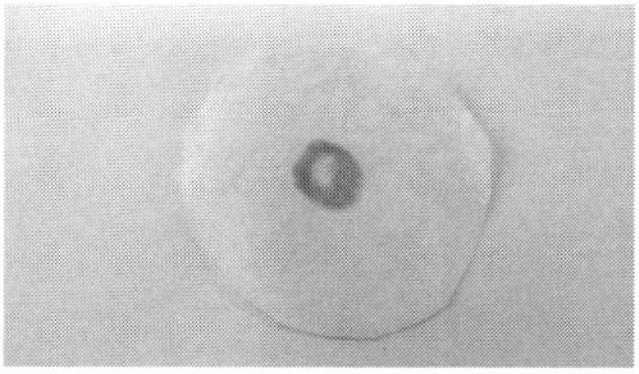

和紙にオレンジ色の円を描いた後に、円の内側に水をつけた場合（左）と円の外側に水をつけた場合（右）→円の内側に水をつけた（左）ほうが光を感じた

○考察

まず、色に関してだが、一つ目の実験において青、緑、黄についてあまり光を感じなかった。これは、暖色・寒色の分類ではなく、グラデーションの有無によるものではないかと考える。

この三つの色は特に色の変化や濃淡の変化がなく広がっていったため、光を感じなかったのだと考える。

次は、形に関してだが、円形になっているほうが光を感じた。これは、光が全方向に進んでいくことから、一つの方向ではなく、全方向に色が広がった円形のほうに光を感じたのではいかと考える。


（生徒 D-2）

最後に色の広がり方である。和紙にオレンジ色の円を描いた後に、円の内側に水をつけた場合と円の外側に水をつけた場合では、真ん中に濃い色があるか、薄い色があるのかという違いがある。光は、光源の部分が一番光を強く、離れるにつれて光も薄くなっていくので、真ん中に濃い色があるほうが光を感じるのではないかと思った。

何人かの人に意見を聞いてみたなかでは違った意見もあり、三つの実験では内側に色が広がっているほうが光を感じたという意見があった。理由としては、ぼやけて見えるところに光を感じたということだった。外側に広がる場合、内側に空間ができて、ぼやけている感じがなかった。光の表現には、「ぼやけている」ということも必要ではないかと考えた。

○結論

光の表現とは、真ん中が濃く、徐々に薄くなっていく自然なグラデーションである。

○展望

これから、光を描くときにはグラデーションを意識していきたいと思った。また、光があると目立つので、目立たせたいところをグラデーションにしようと思った。

（生徒 D-3）

生徒 E「光の表現を考える」

○仮説

私は立体作品から、丸っぽいもので光の表現ができるのではないか？　また、ステンレスガラスのような透明なもの、または白っぽいもので色を表すことができるのではないかという仮説を立てました。

○研究テーマ

上の仮説から丸に近い十二面体立体を作り、その面にカラーフィルムを張り、その中に光を入れどのようになるか研究を行いました。

○実験方法

材料は竹ひご・カラーフィルム・折り紙・ボンド・テープ。

材料が準備できたら竹ひごを適度な大きさに切っていきます。切った竹ひごをすべて五角形にします。それをテープでつなげていきます。最初はこの十二面体を数個作る予定でしたが思っていたよりも作るのが大変だったので諦めました。そして、実際にできた立体に

（生徒 E-1）

面の大きさを合わせて切った折り紙を張り付けていきます。この時に、1回すべての面を仮止めでカラーフィルムにしてみたのですが、透けすぎて中の光が見えてしまうので二重にしてみましたが、あまり変わらず和紙の折り紙の方が良いのでは？となりました。そこで、和紙の折り紙に仮止めをしてみました。するとカラーフィルムだけの時よりも光が透けすぎたり、逆に全く光がでなかったりすることもなくいい感じに光が見えました。この時に1つ①のような抜けている部分があるものを入れると、部屋の電気を消した時に隙間から光が漏れて壁に光が映って奇麗でした。また、模様がついている折り紙を切り取って、カラーフィルムと合わせて面につけると、電気をつけない時には見えないけどつけたら現れる仕掛けのようなものもできました。

①

②

③

④

⑤

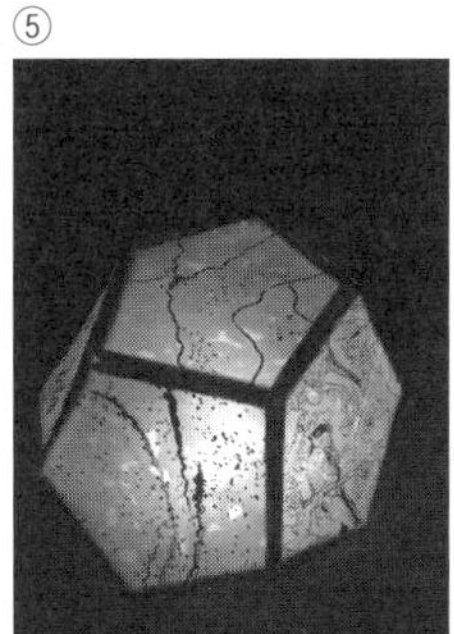

○展望

最初は透明なものの方が光を表現できると思っていたが、やってみると案外透明なものよりも白いものの方が光っぽく思いました。和紙を使ってできている障子などは光を入れすぎず、暗くしすぎずで昔の人はこれを作っていたなんてすごいなと思いました。このように、透明な物よりも薄くて不透明なものの方が光の表現ができるものは身近にたくさんあるのだと思いました。

（生徒 E-2）

生徒 F「自分を考える」

1. リサーチクエスチョン

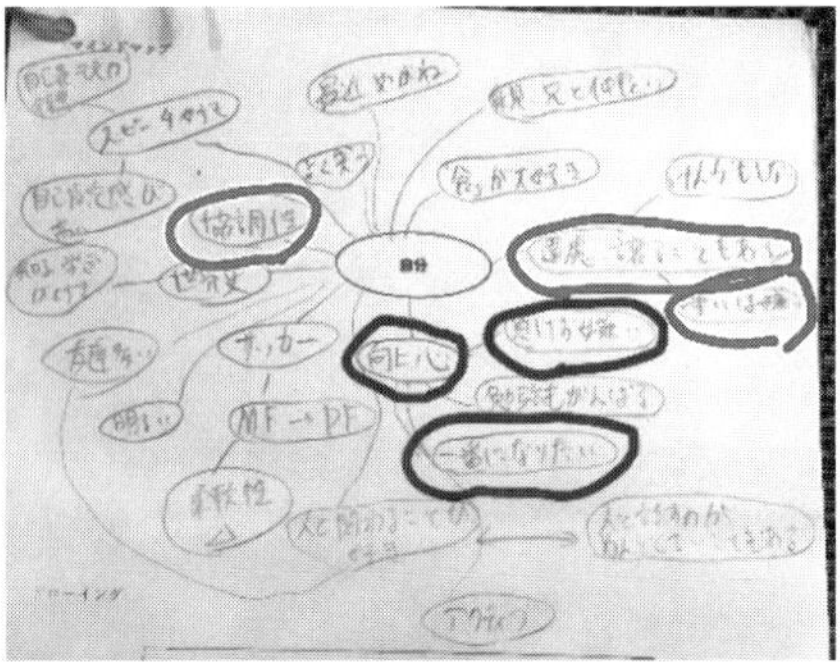

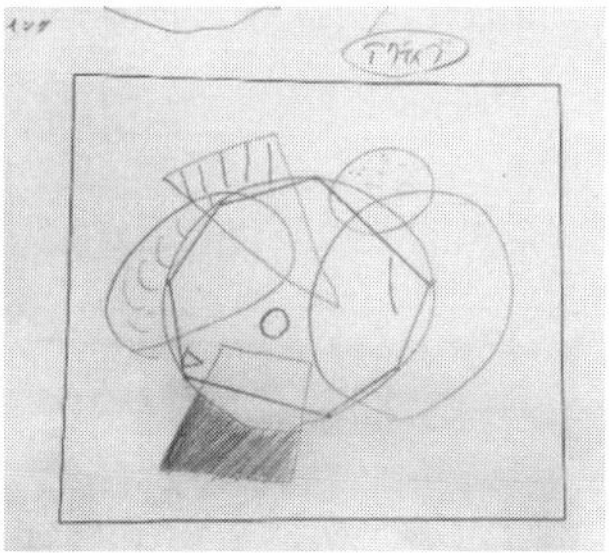

今回制作したマインドマップとドローイングである。
マインドマップから、「一番になりたい、負けず嫌い」といった**向上心**と「喧嘩は嫌い、つい人に譲ってしまう」といった**協調性**の二つの正反対な性格が浮かび上がってきた。そこで、この二つの感情は共存できるのか、また、どうお互いに作用するかが気になった。
また、ドローイングから、自分を表す形は一つに定まらず複数あることがわかった。
この二つの先行実験を発展させ色、形と相反する性格の関連性を調べることで、自分を表現したいと考えた。

2. 仮説

四つの色のうち、赤と青、△と〇で、自分を表現できるのではないか。

3. 主題

色、形と相反する性格の関係性を考え、色と形で自分を表現する。「向上心と協調性の関係」

4. 実験内容

①赤、青、黄色、緑の4色の色画用紙を用意する。
②それぞれの色に主題＝性格をつける。それに適する形に切る。
　赤→向上、△　　青→協調、○　　緑→均一、□　　黄→寛大、○
③これらの材料をクラスの 32 人に見せて、どの形、色が最も「生徒 F」を表しているかをアンケートした。（理由も）
④また、それらを組み合わせて、新たな形を創作してもらった。（理由込み）
⑤最後に③、④と結果をもとに自分で小規模「生徒 F」を創作した。

（生徒 F-1）

赤：三角

青：丸

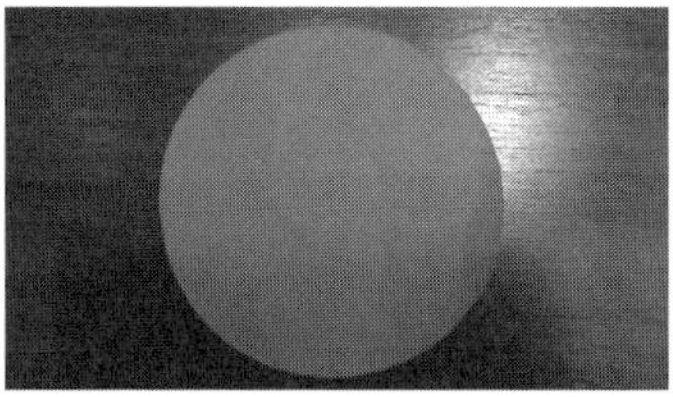

緑：四角

円：黄色

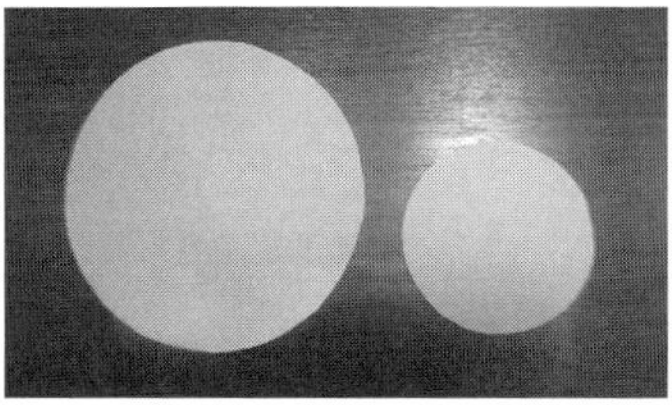

5. 結果

色	赤	青	黄色	緑
人数	3	5	12	12

（理由）

赤：情熱、△と細身の体型

青：冷静

黄：似合っている、正義感、明るさ、笑顔、社交性

緑：角→計画性、スタイリッシュ、なんでもできる
　　規則性→真面目、知的

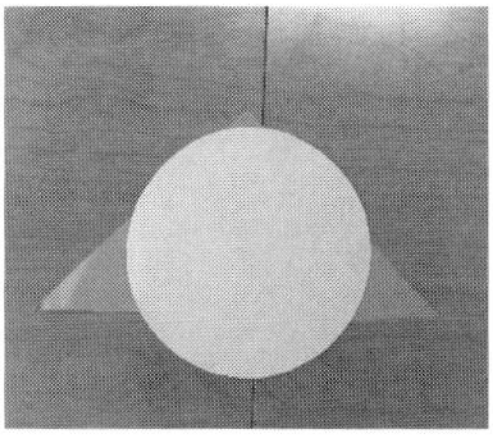
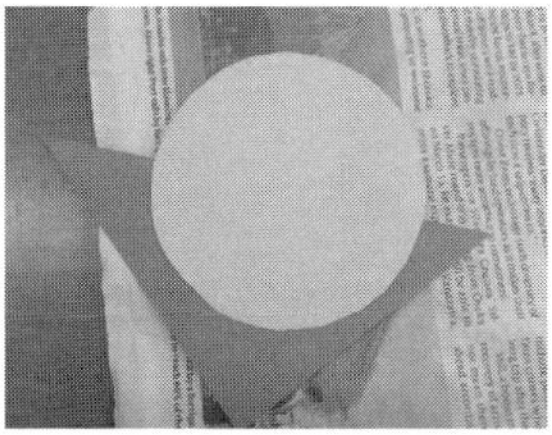
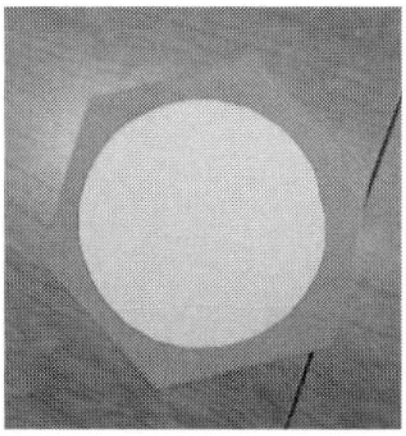
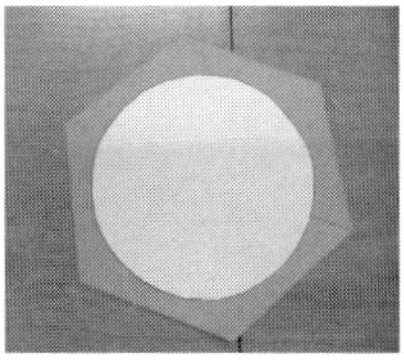

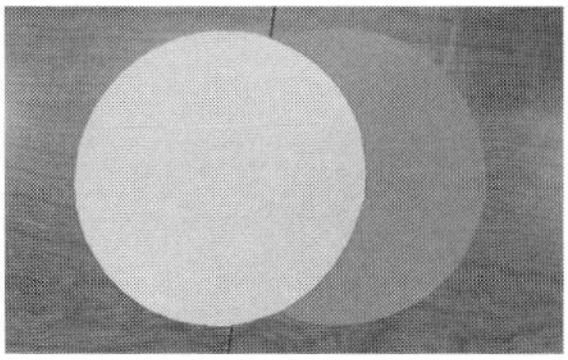

（生徒 F-2）

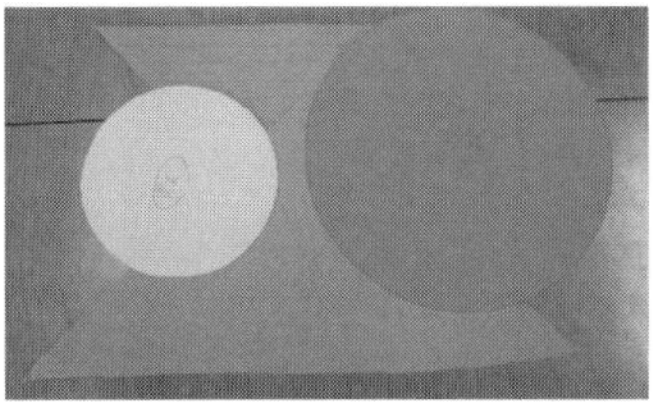  

（理由）
黄色、緑：黄色と丸がやさしさ、緑が頭の良さ
黄色、青：青はダークF、この面が小さい
赤、黄色：なんでも熱心、暖色
緑小、黄色：六角形があたまの良さ、黄色が明るい。明るい＞かしこい
緑大、黄色：同じ
緑、黄色、青：やさしいけど、とげがある、緑が似合う
黄色、青、赤：直線が真面目、丸が秘めたる可能性
緑、緑、黄色、黄色、赤：飛び出てる

6. 考察

仮説と異なり、黄色や緑が自分をよく表しているとわかった。また、黄色の主題である「寛大」は、協調に近く、緑の主題は「均一」だ。**よって、自分の性格は、協調が少し強く、向上と協調がバランスのとれたものだ**と考える。また、形は様々でいろんな意見が出たが、特に正六角形と円が適していると考察できる。

7. まとめ

〈自分の小規模モデル〉
これが自分を最も表していると結論付ける。角のある正六角形（緑）が向上、そしてあらゆる方向に自分の興味が伸びている。それを覆いつくす丸みのある円（黄色）が協調。

（生徒 F-3）

造形の言葉を獲得する

改めて造形実験とは、教師が解放され、やわらかい頭と心で注意深く生徒の活動を見取り、見守る授業であるといえよう。この授業には、完成作品や参考作品はない。作り方や方法、手本もない。あるのは一つのテーマのみである。授業の中で生徒たちはテーマと向き合い、自ら考え、生徒同士が刺激し合いながら、自分なりの解決の糸口をつかみ取ろうとする。どうしたいのか、どうするのか、そしてどうなるのか、生徒自身が自問自答する。その時、教師も生徒と対話をする。そこから新たな方法や造形活動が生まれ、生徒と共に教師も学ぶ。たとえば、仮説に対してどう検証したらよいのか悩み考える生徒に対して、「色と形で検証できないか」とか、「どんな材料や方法でもできることを考えたら」とか、「思っ

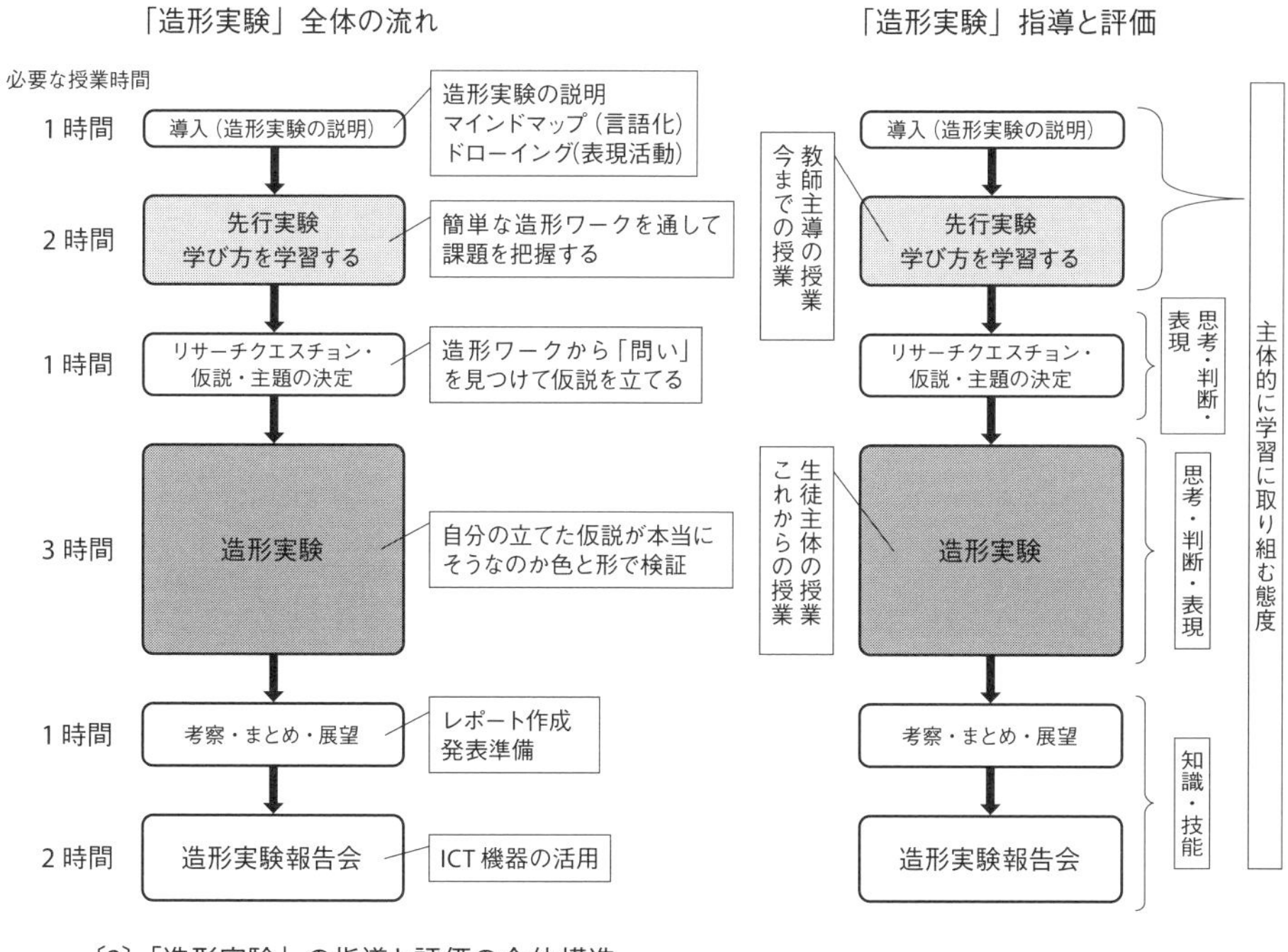

「造形実験」全体の流れ
必要な授業時間
1時間
導入（造形実験の説明）
造形実験の説明
マインドマップ（言語化）
ドローイング(表現活動)
2時間
先行実験
学び方を学習する
簡単な造形ワークを通して
課題を把握する
1時間
リサーチクエスチョン・
仮説・主題の決定
造形ワークから「問い」
を見つけて仮説を立てる
3時間
造形実験
自分の立てた仮説が本当に
そうなのか色と形で検証
1時間
考察・まとめ・展望
レポート作成
発表準備
2時間
造形実験報告会
ICT機器の活用
「造形実験」指導と評価
教師主導の授業
今までの授業
導入（造形実験の説明）
先行実験
学び方を学習する
思考・判断・表現
リサーチクエスチョン・
仮説・主題の決定
生徒主体の授業
これからの授業
造形実験
思考・判断・表現
考察・まとめ・展望
知識・技能
造形実験報告会
主体的に学習に取り組む態度

〔2〕「造形実験」の指導と評価の全体構造

た通りになるかもしれないけど想定外な結果になっても発見があるよ」など、話しかけていくうちに生徒は様々な方法で検証していく。型にはまった教師の価値観やお手本は一切必要ではない。小学生の造形遊びの先にある、中学生のための授業〝造形実験〟である。

造形実験の評価は生徒にプロセスを含めて言語化させることが重要となる。そして何より教師の生徒一人一人の見取りが重要である。結果を評価するのではなく、「思考力・判断力・表現力」を活用して、「知識・技能」を、実験を通して獲得しているかどうか、毎時間の授業の中で観点を押さえて評価していく。私の「造形実験」の指導と評価の全体構造を図〔2〕で示す。

目まぐるしい社会の変化に対して、「感じる」だけではなく「考える」をなくして、これからの美術教育はないと思う。そして考える際に必要なのが造形の言葉、「知識」である。先に述べたが、時代を変えていくのは科学の力であるが、科学の力を使いどう時代を変えていくのかを思い描き、決定していくのは、こころの力である。そのこころを育てていくのが美術教育であると考える。「考えること」と「感じること」を上手く旋回させる授業がこれからの授業のスタイルである。今までの美術教育に加え、造形実験を取り入れ、逞しく生きていく生徒を育てていきたいと思う。

7

造形実験のアプローチによる鑑賞

高安弘大

鑑賞活動の造形実験的なアプローチは、造形実験の鑑賞的アプローチをも可能とする。それまで表現と鑑賞に分けられていた美術の授業は、造形実験によってその境界線が溶かされていく。つまり鑑賞でもイメージを創造的に探究することが可能なのだ。〔共通事項〕の学びに重きを置いた造形実験は、まさにイメージの言語化なのかもしれない。

造形実験と鑑賞

「造形実験」は、大きく実験（試行錯誤・探究）と研究発表（学びの共有）の二つの活動により構成されている。活動のテーマは、例えば「緊張感を考える」などが考えられ、各自が実験を通して自分としての緊張感などのテーマをもとに、造形的に探究していく活動である。

ここでは、この造形実験のアプローチによる鑑賞活動について述べることで、表現及び鑑賞の往還の中で知識の習得を図る造形実験の可能性や、造形実験の鑑賞的アプローチについて考えてみたい。

鑑賞は学習指導要領では、「思考力・判断力・表現力等」の資質・能力を育てる活動として位置付けられており、美術作品が持つ造形的な特徴の捉え方〔共通事項〕と、文化的な捉え方を活用し、自分としての「見方や感じ方」を広げ、深めて、自分の中に新しい意味や価値を作り出していく創造活動であると示されている。鑑賞の学習活動では、美意識を高めたり、生活や社会の中の美術の働きや美術文化に対する理解を深めたり、美術を通して社会を豊かにしていく視点や、異文化の理解、国際理解教育など幅広い能力の育成が求められている。

さて、私は今回、造形実験のアプローチによる鑑賞活動に取り組んだ。実験に該当する活動の場面を、美術作品の探究的な鑑賞として、テーマに合った作品を選んだり、作品を集めた展示計画を作ったりする活動とした。自分なりの探究方法で、自分としての納得解を見つける活動である。そして、研究発表の活動は、自分なりに見出した解を他者に伝える活動となる。コロナ禍の真っただ中、ＧＩＧＡスクール構想が一気に加速し、生徒に一人一台の端末が行き届いた中での実践となった。感染症対策に気を遣い、時には遠隔での授業も行われたが、生徒はＩＣＴ端末を用いて、自分なりの探究活動を行うことができた。教師によって与えられた課題ではなく、生徒が自分ごととして研究課題に向き合う姿に、大きな可能性を感じている。

造形実験のアプローチによる鑑賞活動を通して、各自が実感的に捉えた「造形的な視点」を言語化し、「知識」として定着させていくという一連の流れは、「造形実験」の学習過程と同様である。造形実験のアプローチで探究的な鑑賞を重ねることは、自分としての意味や価値を創り出す創造的な学習活動となった。

〈事例1〉造形実験のアプローチによる鑑賞「緊張感を考える」

造形実験のアプローチによる鑑賞においても、研究テーマの設定が重要になる。実践事例1では、研究課題を「緊張感を考える」とし、鑑賞する作品の選定における実験過程を重視している。授業時数は、導入一時間、美術作品の情報収集・整理、考察という探究の過程に四時間、研究発表に一時間の全体でおよそ六時間の構成である。

この造形実験のアプローチによる鑑賞の学習と、例えば同じ「緊張感を考える」テーマのもと、ドローイングや平面構成、立体表現やインスタレーション、そして映像表現などと組み合わせることも可能であり、そのことでより充実した造形実験への可能性を感じている。

◉授業展開（全六時間）

（1）お気に入りの美術作品（〇・六時間／三〇分）

情報収集や検索の仕方を習得するための導入として、美術作品画像のデジタルアーカイブや、教師があらかじめ選んだ美術館ホームページのリンク集の中から、お気に入りの美術作品を検索し、造形的視点（色彩や形、イメージ等）で選んだ理由を説明する。

（2）緊張したエピソード（〇・四時間／二〇分）

ひとくちに「緊張感」と言っても、その捉え方や感じ方は人それぞれである。生徒は、まず自分にとっての「緊張感」とはどんなものであるのかを考え、一人一台端末を活用し、フォームにその考えを書き込む。フォームは即座に集計されるので〔1〕、教室全体で共有し、生徒はそれぞれの「緊張感」の捉え方の違いに驚いたり、エピソードに共感したりしていた。

（3）「緊張感」を感じる美術作品（三時間）

美術作品の調べ学習ができるリンク集やアーカイブ等を、事前にクラウド上に用意しておき、自分にとっての「緊張感」が感じられる作品を探し出す。その作品から受ける印象や、なぜ「緊張感」を感じるのかを、色彩や形などの造形的視点で説明する。

（4）小発表会（一時間）

四人一組の小グループで、お互いに自分の選んだ作品と、その作品からどんな緊張感を感じたのかを色彩や形を視点に説明し合う〔2〕。生徒は、お互いに共感を得たり、納得したりするものもあり、それぞれの感じ方や捉え方の違いを楽しんでいた。

（5）学級全体での発表会（〇・六時間／三〇分）

グループの中から、全体で紹介したい生徒を決め、さらに全体での発表会を行う。気付いたことや感じたことをメモしながら発表を聴く。

①生徒発表《黒の正方形》マレーヴィチ

「今回、自分とAさんの選んだ作品が重なってしまいました〔3〕。Aさんは、緊張感をポジティブなものだと捉えていて、自分はどちらかといえば緊張感はネガティブなものだと考えていたので、そこが彼と僕

〔1〕Googleフォームの集計画面、それぞれの考える「緊張感」を全体で共有

〔2〕小グループでの発表の様子

〔3〕カジミール・マレーヴィチ《黒の正方形》
1915年、トレチャコフ美術館

の違うところでしたが、共通点として、この絵からは不安や、恐怖などの負の緊張感が感じられるということでした。

この作品は黒一色で正方形という形だけで構成されている絵ですが、それが僕の考える緊張感の『集中していると頭の中が単純になってしまう感じ』に近いような気がしました。また、黒という色から不安や恐怖などの負の感情が連想され、黒一色というところから、『頭の中が真っ白』を通り越して『真っ黒』になってしまって、周りが見えなくなってしまう様子が想像できたからです。」

②生徒発表《ホワイエの踊り子》ドガ

「僕はこの作品〔4〕から、自分のテニスの試合前と同じ緊張感を感じました。試合前のワクワクした感じと失敗するんじゃないかというドキドキした感じをこの作品から感じ取ることができました。この絵の中の人たちが黙々と練習しているところから、失敗したくない、成功させてやるというような緊張感を感じました。」

〔4〕エドガー・ドガ《ホワイエの踊り子》1889年、ビュールレ・コレクション

(6) まとめ (〇・四時間／二〇分)

この造形実験のアプローチによる鑑賞で学んだことを発表することで、それぞれが学び取ったことを共有できていた。

◉この学習で学んだこと（生徒感想）

「私はこの授業を通して、作品を細かい部分まで見るようになったと思うし、どのような気持ちで描いたのかなど作者の意図を考えるようになりました。また、テーマを決めて作品を探すというのが初めてだったけど意外と楽しかったし、見慣れていない独特な作品をたくさん見つけることができたので良かったです。私自身は色や形などの中でも特に色に影響されて感じ方が変わってくるような気がしました。緊張感の捉え方が違っていたり、同じ作品でも感じ方が違っていたりして、人数が多ければ多いほど多種多様な考えが集まって面白いなと思いました。」

「同じ作品を見ても見る人によって感じ方が変わるんだな、と思いとても興味深かったです。また、たくさんの発表を聞いていろいろな視点から見ることができ面白かったです。こんなにたくさんの美術作品を見たのは初めてだし、作品からなにかを感じようとしてものを見たのも初めてだったので、とても楽しい授業だと感じました。これからは、ただものを見るだけでなくいろいろな視点から見て、考えてみようと思いました。」

「私はこの授業を通して、それぞれの感じ方の違いや、その違う意見を聞く楽しさが分かりました。授業の最初の方は、みんな似たような絵を選ぶんじゃないかなとか、本当にみんな緊張感が違うのかなど、少し疑っているところがありました。だけど、グループの人やクラスの代表の人の発表を聞いて、明るい感じの絵を選んでいる人だったり、怖い感じの絵を選んでいる人だったり、それぞれ違う絵をみんな選んでいてびっくりしました。また、同じ絵でもどのように感じたかなどが違っていて面白かったです。そういうみんなの意見の違いを見たり聞いたりできる機会だったので、この授業をしてよかったたし、自分もたくさんの視点から絵画を鑑賞したいと思いました。」

これらの感想から、造形実験のアプローチによる鑑賞「緊張感を考える」では、「緊張感」という共通のテーマをもとに、生徒が美術作品を選び、分析・考察を重ねることで、造形の持つ言葉に気付き、また他者の発表から「形や色彩、材料、光などの性質や、それらが感情にもたらす効果などを理解すること」や「造形的な特徴などを基に、全体のイメージや作風などで捉えることを理解すること」を学習していたと言えよう。

〈事例2〉造形実験のアプローチによる鑑賞「各自がテーマを決定」

造形実験において、その研究課題となる「〇〇を考える」のテーマ設定は重要であり、それは造形実験のアプローチによる鑑賞についても同様である。「緊張感を考える」をテーマにした〈事例1〉を実践した翌年度、新一年生を対象に実践した〈事例2〉では、研究テーマを生徒が自ら決定し、そのテーマに合った作品をそれぞれ選び、研究発表を行った。授業の展開自体は〈事例1〉と大きく変わらないが、研究テーマの設定の仕方に工夫が必要となる。

また、発展的な展開として、各自のテーマにより美術作品を選ぶ活動から、美術館の展示企画のようなキュレーションをしてみる体験へとつなげ、造形的な特徴をもとに各自が捉えたイメージについて話したり、他の生徒の意見を聞いたりするなどして、作品の見方や感じ方を広げる活動を行った。

生徒各自が自らテーマを決定する造形実験的アプローチによる鑑賞〈事例2〉では、生徒が美術館のキュレーターになり、「〇〇展」を企画するという大きな課題を設定している。そして、その「〇〇」こそが、探究するテーマとなるのである。それでも、中学校一年生の段階では、なかなかテーマを見つけられない生徒もいるため、次の三つを例として示した。

（1）喜怒哀楽のような感情
嬉しい、悲しい、楽しいなどの感情をテーマにし、作品を選ぶ。

（2）風、光、時間など
目に見えないものとして、光や風などのイメージを感じられる作品を選ぶ。

（3）擬音（態）語、オノマトペ
ぐるぐる、ドキドキなどの擬音語や擬態語を思い浮かべ、それにふさわしい作品を選ぶ。

本事例では、作品からテーマを考えるのではなく、自分が展覧会をキュレーションするためのテーマを決めることが、探究課題の設定となっており、生徒の主体性を育てることをねらいとしている。

◉生徒が設定したテーマの例

本事例では、全体の約半数が「喜び」「悲しみ」「嬉しい」「寂しい」「怒り」「妬み」「楽しい」「怖い」などの感情をテーマに設定し、三割の生徒は、目に見えないものとして「強さ」「儚さ」「神」「闇」「温かさ」「静かさ」「空気感」「緊張感」「未来」「勇気」「希望」「平和」「時の流れ」「美」「夢」「孤独感」などを設定していた。「ドッカーン」や「くらくら」などのオノマトペを設定した生徒は、少数であった。

①研究発表《砂丘》渡辺貞一
「私は『闇』というテーマでこの作品を選びました〔5〕。この作品に描かれている人物の後ろに黒い色でモヤ～っとして、色々な感情が混ざっている、その人の心の闇みたいな感じがしました。」
②研究発表《マリヤ》阿部合成
「私が設定したテーマは『緊張感』で戦争中に火事が起きて母親が小さい子供を抱っこしながら、もうひとりの子供と手をつなぎながら炎から逃げているのかなと感じ緊張を感じました〔6〕。手をつなぎながら逃げている子供の母親を見る目が心配しているように感じました。」

授業後に行ったアンケートでは、「自分の設定したテーマに合った作品を見つけることができたか」の問いに対し、八割近くの生徒が、「すぐに見つけられた」もしくは「いくつかの作品を候補に選び、そこから絞った」と回答しており、自分で設定したテーマから、主体的に情報収集・整理が行われていることが分かる。

また、〈事例1〉と同様に行った小グループでの意見交換の場や全体での発表会〔7・8・9〕を通して、九割以上の生徒が「級友の意見から発見があった」とし、他者の見方・感じ方に刺激を受けたり、美術作品

〔5〕渡辺貞一《砂丘》1959年、青森県立美術館

〔6〕阿部合成《マリヤ》1972年、青森県立美術館

を通した言語活動の中で、感情や思いを伝えるコミュニケーション能力を高めたりしている様子がうかがえた。

◉この学習で学んだこと（生徒感想）

「みんなそれぞれテーマとか感じたことが違っていて面白かった。テーマが違うのに同じ美術作品を選んでいるなどそういったところも面白いなと思いました。人によって感じ方が違うのが美術作品の面白いところかなと思った。テーマに合った美術作品を選ぶのが意外と難しかった。」

〔7〕全体での研究発表（渡辺貞一《砂丘》）

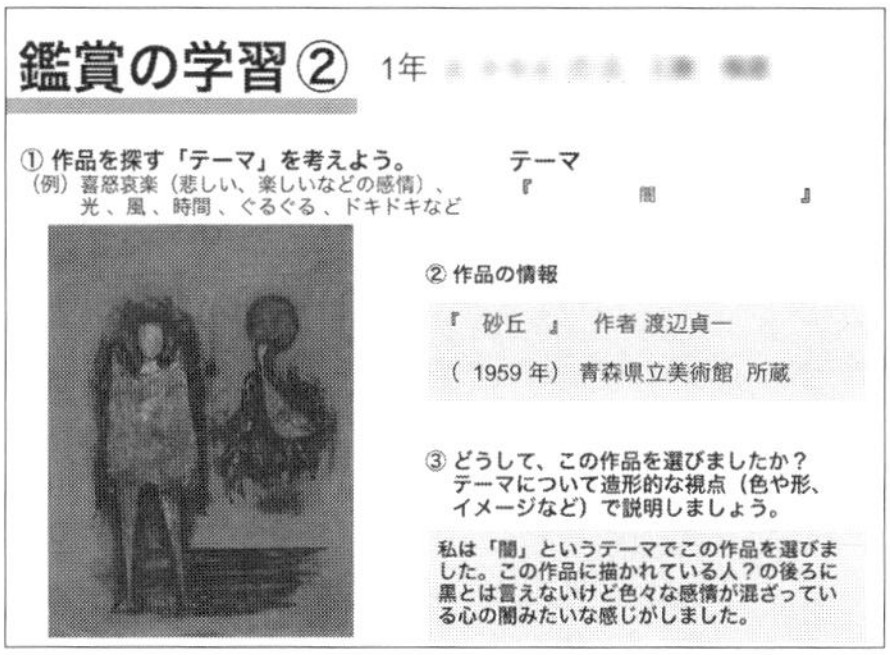

〔8〕1人1台端末を利用したワークシートはポートフォリオを兼ね、発表スライドになる

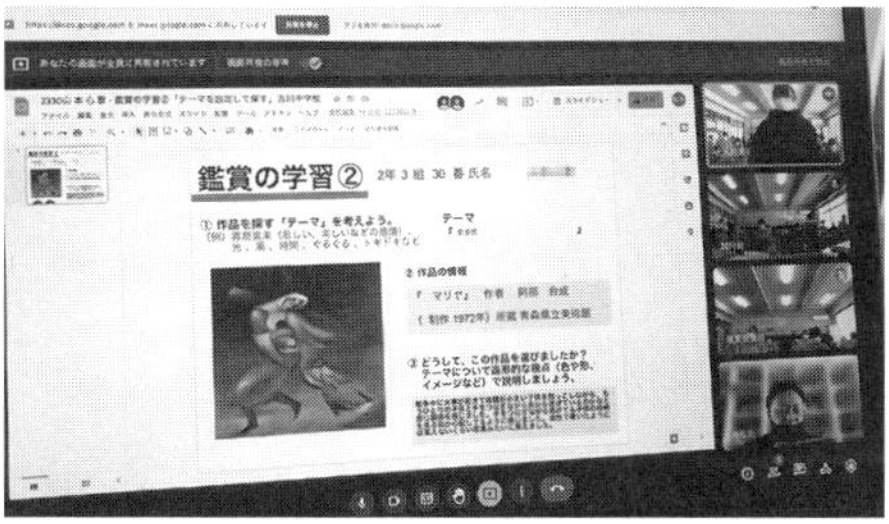

〔9〕コロナ禍では、遠隔授業による発表会も行われた（阿部合成《マリヤ》）

「テーマを設定してから美術作品を見つけて、違うテーマでも同じ作品を選んでいる人が居ました。それぞれ感じるものや感じ方違うので面白かったです。もっと色々なテーマを決めて作品を探してみたいと思った。人それぞれの解釈の違いも面白かったので作品を見たら友達と共有していきたい。」

「いろんなテーマに分けて、探すことはすごく楽しいなと思いました。読み取ろうと思って、絵を見るんじゃなくて、絵を見てどう感じたかっていうのが大事だと思いました。作品と見つめ合って考えるのが楽しかった。考え方やその人の個性がよく分かる授業だった。」

〔10〕アートカードを使用した「○○展」

〔11〕「○○展」をもとにした対話

◉発展的な展開「○○展」を作る

発展的な展開として、各自のテーマにより選ばれた美術作品をもとに、美術館の展示企画のようなキュレーション体験を行った〔10〕。作品を構成している形や色彩などが感情にもたらす効果や、造形的な特徴をもとに各自が捉えたイメージなどについて話したり〔11〕、他の生徒の意見を聞いたりするなどして、作品の見方や感じ方を広げ、学習指導要領の〔共通事項〕に示されている内容についての理解を深めることができていた。

探究的な学びと造形実験

探究的な学習、いわゆる探究型学習は、生徒が自ら設定した課題に対して、情報収集、情報の整理・分析、まとめとプレゼンテーションを自ら主体的に行うことで、課題解決に必要な思考力・判断力・表現力等を養う学習活動であり、造形実験のプロセスと重なる部分が多い。

探究型学習における課題設定では、教師が立てた問いについて生徒が正解を探すのではなく、自分自身で問いを立て、その解を導き出したいという探究心の持たせ方や切実性が重要になる。

また探究型学習では、課題設定・情報収集・整理分析・まとめを一連の学習プロセスとしており、その学習を何度も繰り返していくことで、学びを深めていくとされている。そのため、学習が一区切りした後も、新たな問いが生まれることで、次の探究的な学びへとつながっていくのである。

今後に向けて

〈事例1〉と〈事例2〉の二つの実践を通して、「造形実験のアプローチによる鑑賞」では、探究的な学びとしての学習プロセスや、課題の設定、その後の学びへのつながりが重要であることが明らかとなった。研究発表の場面では、発表してほめてもらっておしまいでは学びの深まりにつながらないため、発表を聞く側も何が伝わったのかを自分の言葉で返すなど、質疑応答を実のあるものにすることで、次の学習へとつながっていく。このように鑑賞活動での探究の充実として、造形実験のアプローチによる鑑賞の仕方について考えることができる。

一方、この探究の成果を生かし、新たに造形実験を考えるとすると、例えば同じテーマのもと、鑑賞とドローイングや平面構成、立体表現やインスタレーション、そして映像表現などとを組み合わせることで、より充実した造形実験へと展開することが可能となるだろう。造形実験では、表現と鑑賞の領域を横断したり、一体的に捉えたりすることで美術の知識獲得に有効に働くと考えている。そのように考えると、造形実験は鑑賞活動を中心に据えたアプローチも展開できる。さらに言うと、造形実験は表現及び鑑賞の領域に縛られない学習の展開が可能であるということである。即ち生徒の関心や主体性に応じた、表現または鑑賞にこだわらないアプローチによって探究していく実験であると言えよう。

コロナ禍とＧＩＧＡスクール構想により、生徒の学習環境が一変したが、まさに予測困難な時代において、私は探究的な学びと造形実験の有効性を実感している。今後は、生徒の探究的で深い学びの実現に向けて、造形実験の学習プロセスや課題設定のあり方についてさらなる研究を深めていきたい。

8 指導のつまずきと教師の成長

鈴木彩子

知っていることと実感的に理解できていることは異なる。学習指導要領改訂のたびに語られる流行の言葉も、実際どれくらいの教師がその本質を理解しているだろうか。造形実験もそうである。なんとなく、こうなんだろうと想像するだけでは、本当の理解には到達しない。そんな造形実験を理解しようとしたとき、生徒が教師の学びの伴走者として、ともに学ぶ存在になっていた。

今こそ「造形実験」！

ＶＵＣＡ時代と言われる現在、様々な場面で、創造性、イノベーション、クリティカルシンキング（批判的思考）、問題解決、意識決定、メタ認知、コミュニケーション、コラボレーション、多様性、傾聴力、自己肯定感…といった力の育成が言われるようになった。

教育においても、学習指導要領に示された三つの資質・能力や主体的・対話的で深い学び、カリキュラム・マネジメント、社会に開かれた教育課程をはじめ、個別最適な学びと協働的な学びの実現、ＩＣＴの活用、教師の資質・能力の向上、学校における働き方改革、新たな教師の学びの姿、多様な背景を持つ児童生徒への対応、持続可能な社会の創り手の育成、ウェルビーイングの向上など、キーワードが次々に示され、時代の変化や多様な学びの姿に適応しながら、子どもたちにとって、ベストとなる学校教育を展開していくことが求められている。

私は、現在、埼玉県立総合教育センターで教職員の研修を担当している。そこで出会う先生たちは、皆、とても真面目で勤勉である。そのため、初任者であっても「主体的・対話的で深い学びの実現のため、授業改善を行っています」とか「ＩＣＴを活用して、個別最適な学びを実現していきたいです」などと前述のキーワードをきちんと使いこなして発言することができる。しかし、本当に理解している者はどれほどかと感じることもある。先生たちに「主体的・対話的で深い学びが実現した授業とはどんな姿ですか？」「子どもたちがどのようにＩＣＴを使うと個別最適な学びが実現すると思いますか？」などと問うと、具体的なイメージを持っておらず、すぐに答えることができない。また、最近よく使われる「対話」という言葉についても、その理解は様々で、教師の質問に対して生徒が答える一問一答のやりとりであったり、ペアやグループでの話し合いを授業の随所に入れていくことであったり、調べたことをグループ内で報告しあうこと、制作の進捗状況について一人一人と話して確認すること、中には対話をすると集中できないのでいらないと捉える人もいる。求められる言葉を身につけ、上手に使うことはできるが、理解や具体が伴わない。言葉だけが一人歩きし、理解したつもり、実践したつもりになっていることが多いように感じる。

そのような中にあって、「造形実験」は、今求められるキーワードの意味を実感し、なぜそれが求められているのか、どうすればよりよくなるのかと、言葉の先にあるものが見える題材である。このような題材が広まり、多くの者が実践することで、昨今のキーワードを実感を伴って理解する教師が増えていくだろうと考えている。

〝今こそ皆で「造形実験」に挑戦するべきである〟

私自身が「造形実験」に四年間取り組み、やってみたからこそわかったことについて、前任校の中学校での実践と教育センター研修での取組の様子などをもとに、教師のつまずきや気づきを中心に述べてみたい。

「造形実験」との出会い

私が勤務していた学校は、施設一体型小中一貫教育校であり、各学年一クラスという小さな学校であった。子どもたちは同じ校舎で、同じ仲間と小学校一年生から中学校三年生までの九年間を過ごす。学校も地域もみんな家族のような温かい雰囲気の学校であった。そんな風土のためか、子どもたちは新しいことにチャレンジしたり、これまでと違う見方や考え方を取り入れたり、自分で考えて判断することがあまり得意ではなかった。美術の授業でも、「見本がないとつくれません」とか「先生、色塗りしていいですか？　どう塗ったらいいですか?」と、引かれたレールの上を言われた通りに、進もうとする子どもたちの姿があった。風景画などを描かせれば、写真のように隅々まで描き込み誰もが「上手〜!」と思うような描画の技術を持っている生徒も、自分で考えて表現するとなると全く進まない。みんなで「どうする〜?」と言っているばかり。そんな中で紹介されたのが、「造形実験」であった。

「造形実験」に対する私の第一印象は、「子どもたちは、考えているんじゃなくて、思いつきでつくっているんじゃないか」「思いつきが重なっただけでは、学びは深くならないのでは?」「私の学校の生徒には、無理かも。ハードルが高すぎる」と、どちらかというとマイナスの感情であった。しかし、やってみないことにはわからないと実施に向けて計画を進めた。

生徒たちの「造形実験」

中学二年生を対象に「緊張感を考える」をテーマとして、研究八時間、研究発表二時間で実践した。導入で題材について説明すると、生徒は、しばらく「……?」と何をしたらよいかぼんやりしていた。初めは質問さえ出なかった。程なくして、手をあげた生徒が「先生、何をやるんですか?」と。振り返ってみると、多分、私自身が造形実験の理解が不十分のため、うまく説明できていなかったのだろう。そのうち、生徒は自分の力だけでは処理しきれないと考え、仲間に意見を求めたり、とりあえず何かメモをしてみたりと動き始め、意見を交換しながら考え始めた。イメージを言語化して仲間に伝えることで考えをまとめたり、新たなアイディアが生まれたりしている様子であった。紙を手に取り、何やら描き始める者も出てきた。鉛筆で描き、クレヨンで描き、パステルで描き、絵の具で描き……。頭でイメージしたものと自分の手で表現したものとのギャップから、表現方法や使用する材料・用具の追求が始まり、仲間の活動を真似したり違う角度から緊張感を捉え直したり、表現したものを一度壊して全く違う方法で再挑戦する姿も出てきた。

研究発表会では仲間に自分が表現した思いを聞いてもらうことで、自分の考えや行為に自信を持つことができたようだ。そして、仲間の発表からは、多様な価値観や表現に気がついたようであった。


教師の「造形実験」—つまずき—


生徒たちは、悩みに悩んで一〇時間の「造形実験—緊張感を考える」に取り組んだが、教師にとっても、まさに〝暗中模索〟の「造形実験」であった。悩み、迷い、モヤモヤ、イライラの連続であった。

はじめにぶつかった壁は、子どもたちの動きを待つこと。「……?」と考えている子どもたちに、「こんなこともできるよ、あんな考え方もできるよ」と次々に声をかけたくなる。待ちきれなくて「もう〇分すぎたよ」「あと〇時間しかないぞ」と追い立てたくなる。だいぶ我慢もしたが、かなり声にも出していたと思う。私の声かけに子どもたちは、どんな思いであっただろう。「うるさいな、今考えているんだよ!」「邪魔しないで!」と思っていたかもしれない。

そして、実験が動き始めると、子どもたちの発想が広がらないことが気になった。子どもたちは紙以外の材料に手を出さない。しかも、説明的な絵を描く生徒が多い。「みんなの前で発表をする時」「シュートを決める時」など、緊張した場面そのものを描こうとする者がほとんどであった。まるで絵日記のような作品を丁寧に仕上げることに注力していた。「本当にこれで緊張感が考えられた?」との私の問いに、子どもたちは「はい」と答える。または「これじゃダメなんですか……どうすればいいですか」との回答も。子どもたちは手を抜いているわけでも、適当にやっているわけでもなく、純粋にその方法で私の示した課題に答えようとしていたのだ。題材の目的に立ち返れば、子どもたちは既知の知識や技能を使ったまでで、「造形的な視点」を広げ、深めていないのだから、何らかの手を打たなければならないとはわかっているが、どのように解決をしたらいいのかかなり悩んだ。

一番の悩みは、子どもたちの造形的な経験が圧倒的に足りないことにあった。造形的な体験が少ないため「もっとこうしたい！」が生まれてこない。「いいこと思いついた♪」と次々に思いが湧いてくる感覚が乏しいようであった。その経験を積ませるために取り組んだ題材のはずなのに、それがないから進まない……。〝鶏が先か、たまごが先か〟。「もっとこうしたい！」と思わない子どもたちに「もっと！」と要求することは、私の考えるゴールに導きたいだけなのではないかと。私の中で自問自答が繰り返された。結局、生徒の経験不足を補うために、他校の生徒作品を鑑賞させ、立体で表現された作品、写真や動画での表現などを紹介した。また、私自身も生徒と一緒に「緊張感を考える」に挑戦することで、さりげなく様々な素材を使って表現する姿を見せたり、子どもたちの目につきやすいところにいろいろな材料を並べてみたり…。そのうちに、子どもたちの表現に変化が見られはじめた。しかし、かなり誘導的だったことは言うまでもない。

また、「緊張感を表現する」のではなく「緊張感を考える」の違いについて気づかせることで、発想が広がるだろうとも考えた。しかし、私自身がこの違いを理解しきれておらず、うまく説明ができなかった。今ならば、「考えたことを表現すること」と「考えるために表現すること」の違いを説明できるが、当時、まだ私は言葉の表面をなぞるばかりで、子どもたちに曖昧にしか伝えられなかった。

そして、何より一番悩んだことは、私自身の美術の授業はこうあるべきだという凝り固まった概念や美術の授業のイメージを取り払うことであった。いつの間にか私の中で作品をつくらせることが目的となっていたり、見栄えのいいものをつくらせようとしたりしてしまうのである。「作品をつくることが目的ではない」「うまくつくることが目的ではない」と子どもたちに何度も伝えていながら、子どもの思いそっちのけで、私だったらこうすると自分の考えや表現方法についてアドバイスしてしまうこともあった。子どもたちはきっと、教師のチグハグな言動に気がついていたことと思う。

教師の「造形実験」—発見—

これまで美術の授業をしていて、こんなに悩んだことはなかったと思う。またこんなに生徒の様子を観察し、生徒の考えを理解しようとしたこともなかったと思う。「造形実験」とはそういう題材なのだ。これまで、特段悩みもせず、こんな方法も、あんな方法も…と手助けしたり、材料を次々に出したりしていたが、この題材では、今、それが必要なサポートなのか、またタイミングなのか、全体に必要なのか、個人に必要なのかと常に考えた。子どもたちがそれぞれ自分の考えを自分の方法で解決するための支援に徹するよう努め、生徒が中心、生徒が主語になるとはこういうことなのかと実感した。しかし、気を抜くとすぐに教師のペースに持ち込んでいる自分があり、これまで無自覚に教師のペースで、教師の考えを押しつけていたことにも気づいた。

そして、美術は表現する教科とくくられるが、考える教科であると認識が変わった。ある生徒は、ずっと白い画用紙に向かって何やら考えていた。しばらくして、何をしているのか聞いてみると、「白い画用紙のどこに点を打つか考えていた」とのこと。最高の場所に点を打つ緊張感について実験していたのだそうだ。コピー用紙を使って実験もしたが、大きな画用紙の方が緊張感が増すと思って用紙を変えたとも話してくれた。また、ある生徒は「私、自分で何かを決めることが苦手なんです。」と話し、初めは何も決められず、ウロウロしたり、美術室にある画集を見たりするばかりであった。ところが、友達の制作に手を貸したことをきっかけに、写真や動画を撮ったり、色水をつくってみたり、イラストをたくさん描いたり、画用紙に色を塗ってみたりと突如動き出した。「考えたことを表現する」には決断が必要であり彼女にとって苦手なことであったが、「考えるために表現する」のは苦ではないことに気がついたようであった。最後には、「緊張感の言葉よりも、自分がつくり出した、なんだかわからないものの方がより私の緊張感に近いんです。言葉って曖昧だと思いました」と話してくれた。子どもたちは、この題材を通して、自分の頭で考え、自分自身の意味や価値を見出していた。

造形実験を始める前には、ただの思いつきが重なっただけでは学びは深くならないと思っていたが、むしろ、思いつきを重ねることで考えが深まり、学びが深まると気がついた。また、自校の生徒には、ハードルが高すぎると思っていたことも、子どもたちの可能性を小さく見積もっていたと反省した。ハードルは自分にとって高そうに見えていただけで、自身の力のなさを子どもたちのせいにしていたのだ。教師は、自分の価値観や経験をもとに〝子どもたちもきっとこうである〟と考えてしまいがちである。無自覚に、今まで自分が指導されてきたように子どもたちにも同じ指導をしたり、教員のイメージを子どもたちに再現させようとしたりしてしまう。そこを自覚し、美術の授業とは何かを自分自身に突きつけるのが「造形実験」である。

教育センター研修での「造形実験」

多くの先生方にもこれからの美術のあり方について考えてほしいとの想いから、教育センターで担当する研修の一講座で「造形実験」を提案し、演習を行った。以下は、振り返りから抜粋した受講者の意見である。

○演習では、造形実験を通してテーマについて考えを深めることができた。作品を完成させることではなく、その過程での考え方や変容が重要だと実感することができた。また、他の人の発表を聞くことで、多様な表現や考え方に気づくことができ、造形実験の楽しさが分かった。

○造形実験では、最初のイメージから発想が何度も転換していき、最後の表現の形に至りました。アイデアスケッチ通りに進めることが重要とするやり方もありますが、手を動かして、触覚を刺激し、ひらめきが生まれ、発想が次々に転換していくのを実感し、こう言ったやり方もおもしろいと感じました。

○ゴール（作品）がない「実験」というのは、生徒にとって今までにない未知の世界になるかもしれません。自分で何度も試す探究心を掻き立てるような題材研究を進めていけるようにしたいです。

○教科を超えた学習に繋がる予感があります。

○「造形実験」は、これまで自分が思っていた中学校美術の概念とは少し違っていました。この実験を通して、美術の基礎的な知識・技能の習得や、失敗を恐れずに挑戦する姿勢、自己評価に対する積極性が高められることが期待されると感じました。

○実際に「造形実験」を行うとすると、環境や導入方法、材料や用具、実験でできた物の管理など多方面で想像力を働かせて準備を行わないといけないなと感じます。何より、自分自身の「生徒の活動を見とる目」をしっかりもてるようにすることが必要だと思います。

演習を通し、受講者のほとんどが「造形実験」の学びや有用性に気づいたようであった。しかし、実際に実践するとなると生徒の主体性に授業をゆだねることや、生徒それぞれが違う活動をすること、生徒の学びを見とること、評価や成績のことなどについて、不安がないというわけではなさそうだった。また、様々な材料や用具を揃えることにも難しさを感じたようであった。それは、かつて私自身が経験したことでもある。

未来を育むために

作品をつくらせることが目的となる授業や一律に同じもの（似たもの）をつくらせる授業、単純作業が続き思考をしない授業は、もういらない。また、子どもたちの可能性や価値観を無視した授業もナンセンスである。〝与える〟のではなく自分で〝気づき、考える〟ことが大事となる。それこそが、造形的な見方・考え方の「感性や、想像力を働かせ、対象や事象を造形的な視点で捉え、自分としての意味や価値をつくりだすこと」に注力し、資質・能力を育成することになる。「造形実験」はこれからの美術教育、そして、今日求められている教育の諸課題の解決のためにもとても有効な活動であると実感している。

子どもたちは、未来をつくる存在である。そして、私たちが想像するよりもはるかに大きな可能性を持っている。「子どもたちには無理…」「私には無理…」と、私たち教師が未来を育てることを諦めていないだろうか。子どもと一緒に悩み、考え成長することこそ、教師としての醍醐味。今こそ「造形実験」に挑戦する時である。

9 造形実験の原点と〔共通事項〕

三澤一実

心に残る小さな実践も時間をかけて反芻し続ければ、その時には気づかなかったものが見えてくる。長い時間の中で余分なものは次第に消え去り、大切な本質があらわになってくる。中学校の美術科教諭として生徒から学んだ自画像の実践から四半世紀。客観的なデータや理論によって研磨された学びの本質は、「造形実験」という提案に到達した。

1──造形実験の着想

自画像での実践

造形実験の着想の原点は一九九七（平成九）年に遡る。当時、私は所沢市の公立中学校に勤めていた。翌年に学習指導要領が改訂となる前夜で、「総合的な学習の時間」の導入や「選択」の時間の拡大とともに、第二学年の美術の必修授業の時間数が少なくなるとの話で、これからの授業づくりをどうするか戦々恐々としていた時であった。

一九九七（平成九）年以前の中学校では選択科目があり、各学校が科目を選べる「学校選択」があった。その学校選択では多くの学校が美術を選択していた。美術は制作に時間がかかり、準備・片づけを考えると二時間は必要という理由などで、必修授業の一時間に選択一時間を加え連続二時間、一〇〇分の授業ができたのだ。よって一題材にたっぷりと時間をかけた授業も展開できた。その学校選択の時間が一九九八（平成一〇）年からは生徒各自の選択の時間に変わり、必修授業としては五〇分に短縮となった。現在の一時間（五〇分）の授業の感覚からすれば「二時間あれば充実した授業が

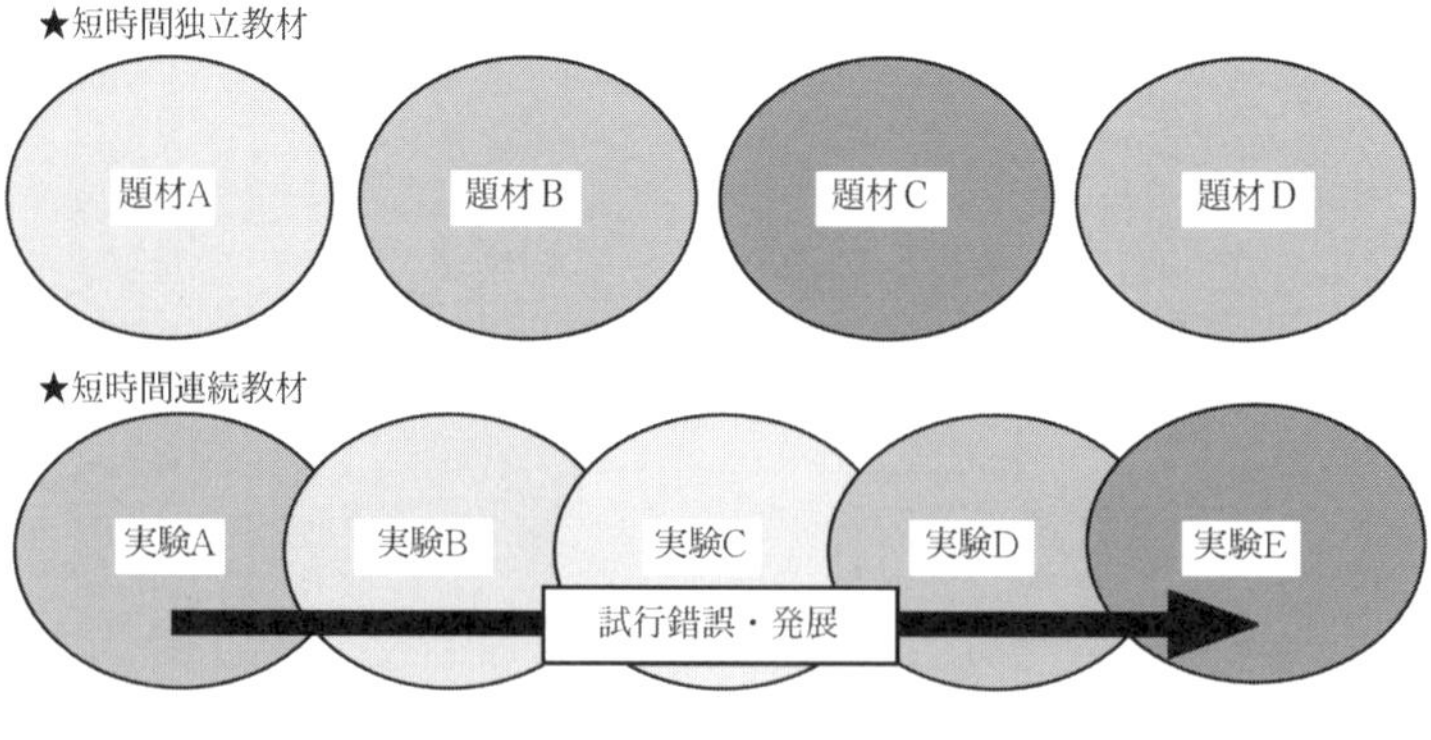
★短時間独立教材
題材A
題材B
題材C
題材D
★短時間連続教材
実験A
実験B
実験C
実験D
実験E
試行錯誤・発展

〔1〕短時間独立教材と短時間連続教材の授業比較

できるなあ」程度の感覚であろうが、すでにあるものが半減される場合には困惑しか生まれない。

そこで所沢市立教育センターの自主研究員として五〇分授業に対応すべく「単時間題材の開発」に取りかかった。具体的な題材は「自画像表現」である。それまで長い時間をかけて絵画表現として取り組んできた授業を、一時間から数時間で完結する「表現の実験」に切り分け、それぞれの実験を連結させることで自画像が制作できないかと考えてみたのである〔1〕。

翌年、私は試験を受けて、埼玉県長期研修教員として埼玉大学と埼玉県立北教育センターに通い、前年に取り組んだ単時間題材の開発を継続研究として「自分らしい表現を追求できる教材の研究と開発」を検証してみた。二学期からは週に一日、所属校に通い実証授業を行った。そして二〇〇〇（平成一二）年に三年生二クラス分、七二名の自画像制作過程を、生徒が書いた制作カードと毎時間の記録写真をもとに、報告書に[*1]まとめた。図〔1〕から〔4〕は、この報告書に掲載したものである。

あらためてその報告書を読み返すと、生徒が制作を通して学びを深めていく様子が、彼らの言葉を通して確認できる。生徒が様々な材料や方法を使って自画像を表すための実験を行い、そこでの発見を積極的に表現に活用し、自画像を仕上げていく様子。そして各自が多様な実験の中で、色彩や形の効果や材料の持つ魅力や新しい表現方法について気づいていく様子など、記録写真と合わせて確かめることができるのである〔2・3〕。「造形実験」の着想は、この自画像の実践が起点となっている。

たとえば生徒Aは、八時間目に「今日は板に黄色をぬってみた。焦燥の黄色だ。」と書いている〔2〕。この生徒はさらに黄色という色が持つイメージと、自身の焦燥感という感情を紐づけた表現に対して、「結構いい感じになってきた。」と、自分の表現したいイメージに近づいてきたことを制作カードに書いている。

1時間目　98.9.11

赤いコンテでベニヤに友達の顔を描いた。コンテは消したり上書きができない分鉛筆より難しいと思った。▽いろんなことを挑戦して自分の気持ちに合うものを見つけたいと思う。

2時間目　98.9.18

コンテでいろいろ描いた。らなんかいい感じになった。ベニヤに描いた。▽今度はもっと別の方法で自分を表現したい。

3時間目　98.10.9

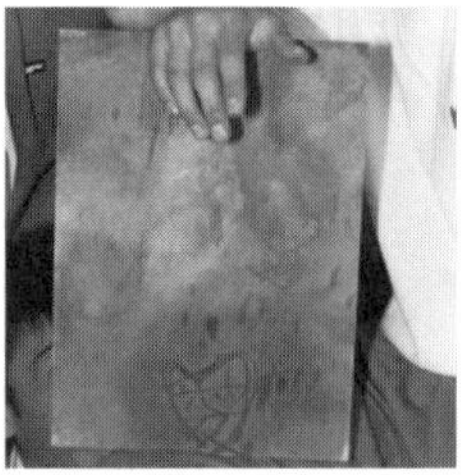

今日は良いアイデアが浮かばなかった。先生の少しアイデアをもらってグレーで上塗りしたら、なんか不思議な感じになった。▽今度はもっと自分のアイデアを使い自分にぐーとくるものにしたい。

4時間目　98.10.16

鉛筆でうしろめたい感じの自分を描いてみた。コンテの粉っぽさに鉛筆の光沢感がマッチしていい感じだった。▽もっとぐっとくるような感じにできるようがんばりたい。

5時間目　98.10.28

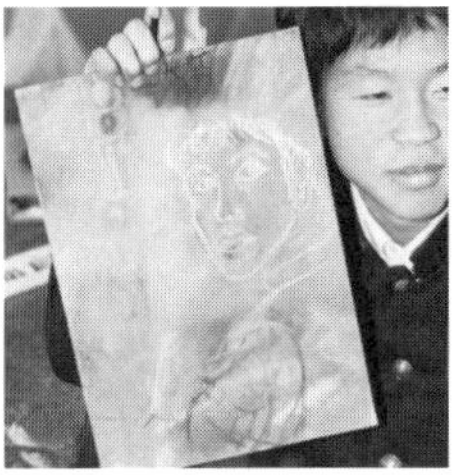

今日は何にも、ほとんど進まなかった。どうやったら自分のいいものが作れるのかよくわからない。▽次回はいろいろ挑戦して自分の色を見つけたいと思う。

6時間目　98.11.13

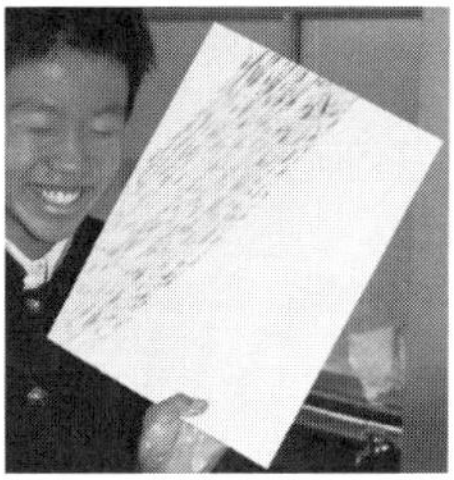

今日はジェッソをぬってみた。真っ白になってとてもきれいだった。そこにローラーみたいなものを引いたらきれいな雪の中に汚い車のタイヤが通ったみたいでいい感じだった。次回も自分の感じを出していきたい。

7時間目　98.11.27

今日は自分の顔を描いてみた。欲求不満の顔を描いたつもりだったけど結構うまくいったと思う。▽まだ自分の気持ちまできていないので、もっと自分の気持ちに迫るものを描きたい。

8時間目　98.12.11

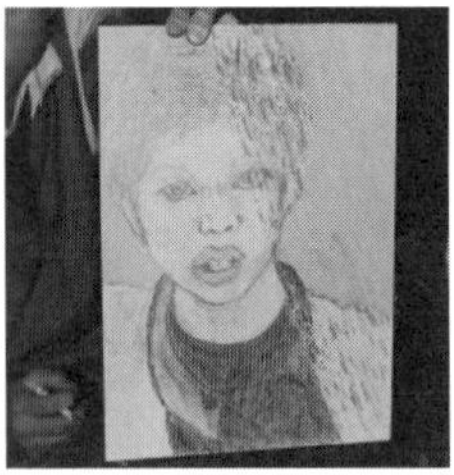

今日は板に黄色をぬってみた。焦燥の黄色だ。黄色でぬったら結構いい感じになってきた。▽今度も自分のいいと思ったものを描いていきたいと思う。

11時間目　99.2.5

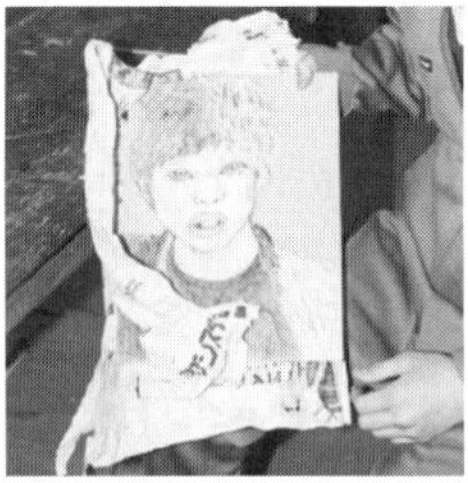

12時間目　99.2.19

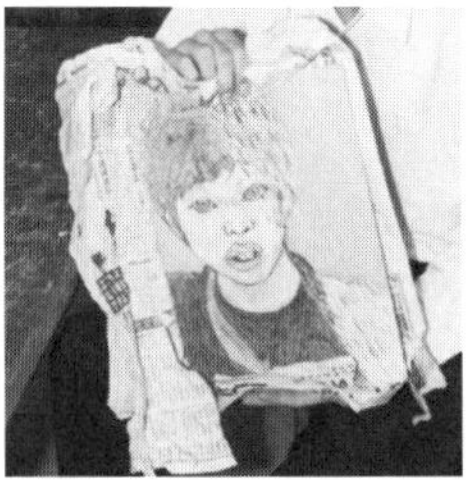

〔2〕生徒Aの自画像制作過程の記録

また生徒Bは、六時間目に「形をとにかく変えようとした。上の方が特に重い感じがしたので砕くようにした。」と、色彩や形が作り出す〝重い印象〟を感じ取り、それに対して「砕く」という技法を創造的に使って表現を工夫している〔3〕。

多くの生徒のこのような記述から、生徒が美術の「知識」としての色や形などの造形の要素がつくり出すイメージについて様々な試行錯誤を通して習得し、さらに言語化していった記録を見ることができる。

当時はまだ〔共通事項〕という考え方は生まれていなかったが、報告書からは授業を通して〔共通事項〕に該当する「造形的な視点」を意識して作品制作に結びつけていく生徒の様子をうかがい知ることができるのである。

そしてある日、忘れられない出来事が起こった。それは完成した生徒との対話の中でのことである。生徒と二人で仕上がった自画像を少し離れて眺めながら、私は「右下の部分の余白が大きく、画面全体から見ると穴が空いているような感じで、何か物足りない感じがするがどうだろう?」と話したら、その生徒はしばらく考えて「先生の言うことは、わかる。でも、僕はこうしたい」と小さな声ではあるが、きっぱりと言い放った。その時、鳥肌が立った。私は彼の、私の考えも理解した上で「これでいい」と自己決定したその小さな声に、「これが美術で身につけさせる力か」と、あらためて美術で表現することの意味を再確認させられた。そこにはコミュニケーションの架け橋として彼の作品があり、共通理解を可能にした「造形的な視点」の〔共通事項〕が、しっかりと介在していたのである。

1 時間目　98.9.11

自分の今の心情を深く考えてみた。それを何となく紙に描いて見たが、あまりしっくり来なかった。
▽もう少しアイデアを出して何か物に表してみたい。

2 時間目　98.9.18

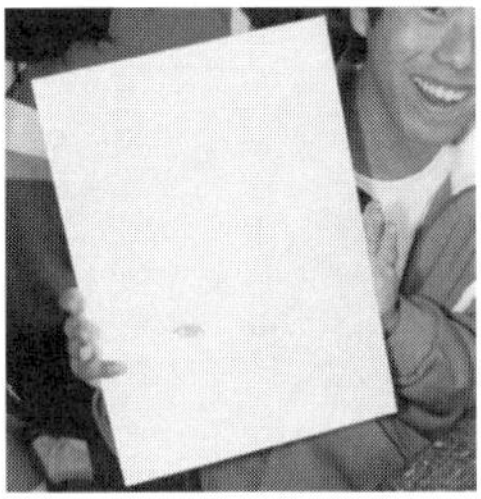

今日は板にジェッソを塗り、一つのキャンバスを作り目を描いてみた。なんだかその目が自分の、少し自分の感情と合っているっぽいので、次はアイデアを出そうと思う。▽粘土とか固くなる物を使ってみたい。もしくは板にいろいろ色を塗ってみたい。

3 時間目　98.10.9

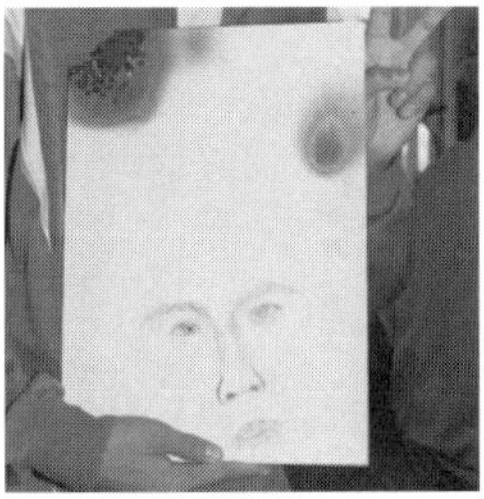

今日は板に穴をあけ、燃やした。顔を描き終えた。次は板に色を塗ったり、立体的な物にしたいと思う。いい顔ができた。▽色塗りをして感じを出そうと思う。今日は粘土を忘れてしまったので次は持ってきたい。

4 時間目　98.10.16

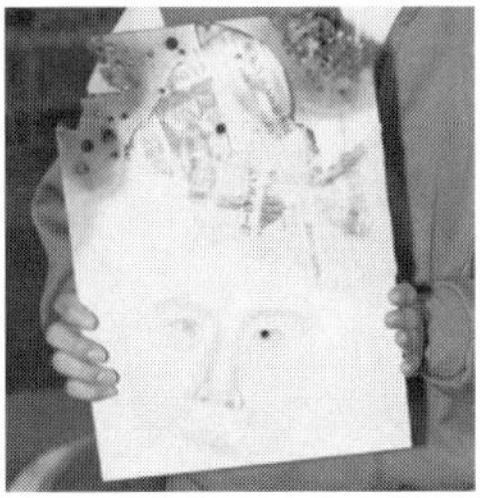

まわりをもう一度燃やし、目の所に穴をあけ、木を差し込んでみた。なんだかむなしい感じがでてきた。▽前回と同じと、また、もう少し燃やしてみたい。

5 時間目　98.10.28

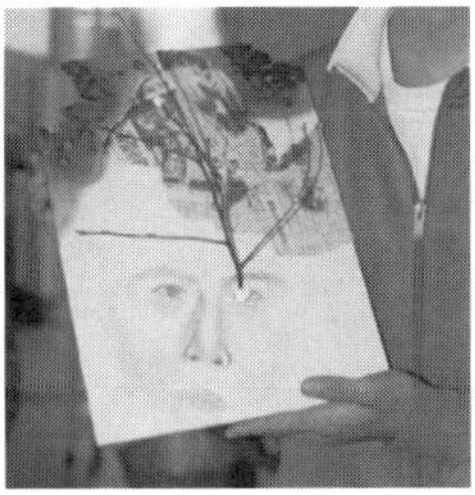

飾りの木に緑をぬってみた。その緑の色が強調されて、薄い感じだった構成が、その木が入ることで色が際だった。

6 時間目　98.11.13

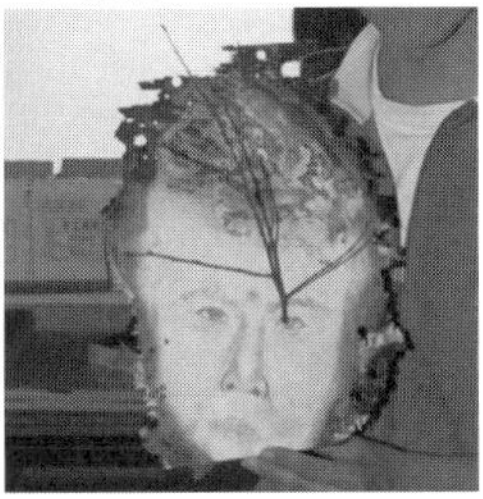

形をとにかく変えようとした。上の方が特に重い感じがしたので砕くようにした。▽色が少ないので赤、青などの色を入れてみたい。

7 時間目　98.11.27

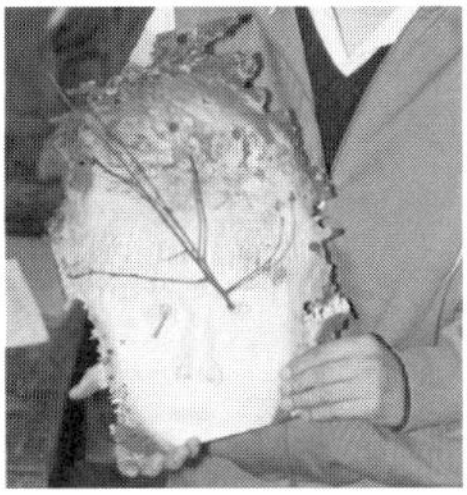

色を上の方につけてみた。また、目にくぎを刺すことで悲しみを表した。▽ハッキリしないのでインパクトを強くする。

8 時間目　98.12.11

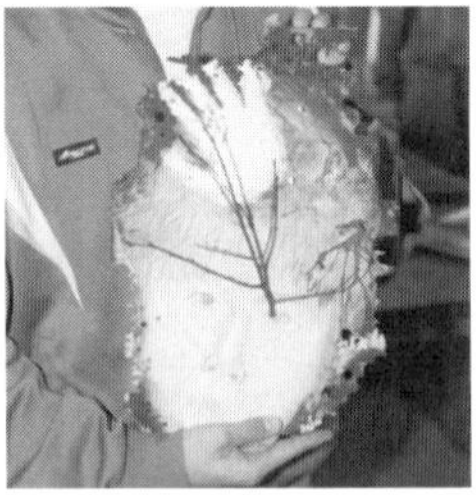

手を作ってみた。木工用ボンドを焦がすとどうなるか実験してみた。▽手を中心に…。

11 時間目　99.2.5

12時間目　99.2.19

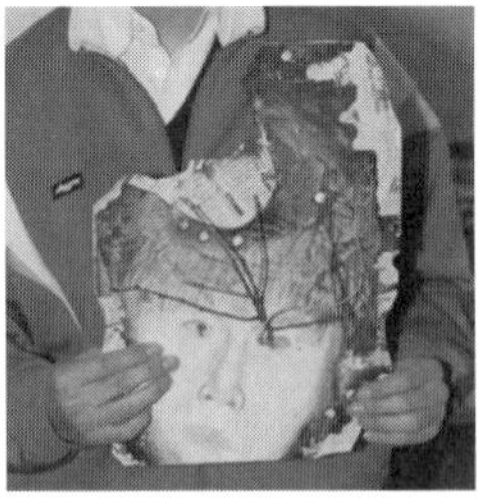

〔3〕生徒 B の自画像制作過程の記録

実験のガイダンスと学習環境

自画像の実践のように生徒が主体的に実験に取り組んでいく授業にするためには、実験に向かうためのガイダンスと学習環境が重要であった。ガイダンスでは、導入時に「義務教育九年間の集大成として、今まで身につけてきた材料や表現技法を試したり、まだ使ったことのない材料や技法を新たに見つけたり、生み出したりしながら、自分が表したい感情にぴったりくる表し方を見つけて、そこから自画像を描いていこう」と投げかけ、「そのために様々な表し方の実験をしてみよう」と促した。そしてその実験ができる環境を整えるために、材料・用具等の環境を〔4〕のように揃えた。

〔4〕の図内の太字は学校で用意し、細字は各自で用意したものである。自画像を描く基材にはイラストボードに加えシナベニヤなどを用意した。特徴的な道具や材料としては、ガスバーナーや電動ドリル、材料はジェッソやモデリングペーストなどである。ジェッソは失敗した時に、それまでの描画を覆い隠しリセットするための下地材であり、これにより生徒は失敗を気にせず、実験がしやすくなった。実験では基本的に何を使ってもよいとし、生徒には小学校から中学校三年生までに体験した様々な技法も必要に応じて活用し、さらに発展させながら、自分らしい表現を追究するようにと話した。美術室が一階であったため、ガスバーナーや臭いの出るものなどは、中庭に面した外廊下や中庭などで自由に使わせた。生徒は自由な環境で様々な実験を繰り返し、自身の表したい自画像の制作を進めていった。当初は平面作品を想定していたが、半立体や立体、インスタレーション的な作品の出現もあった。

ある生徒はコンテで描いた自画像を水で洗い流し、そこにインクや鉛筆で加筆していったり、またある生徒は顔の口に該当する位置をドリルで穴を空け、そのまわりをバーナーで焼いて口の穴を広げていったり

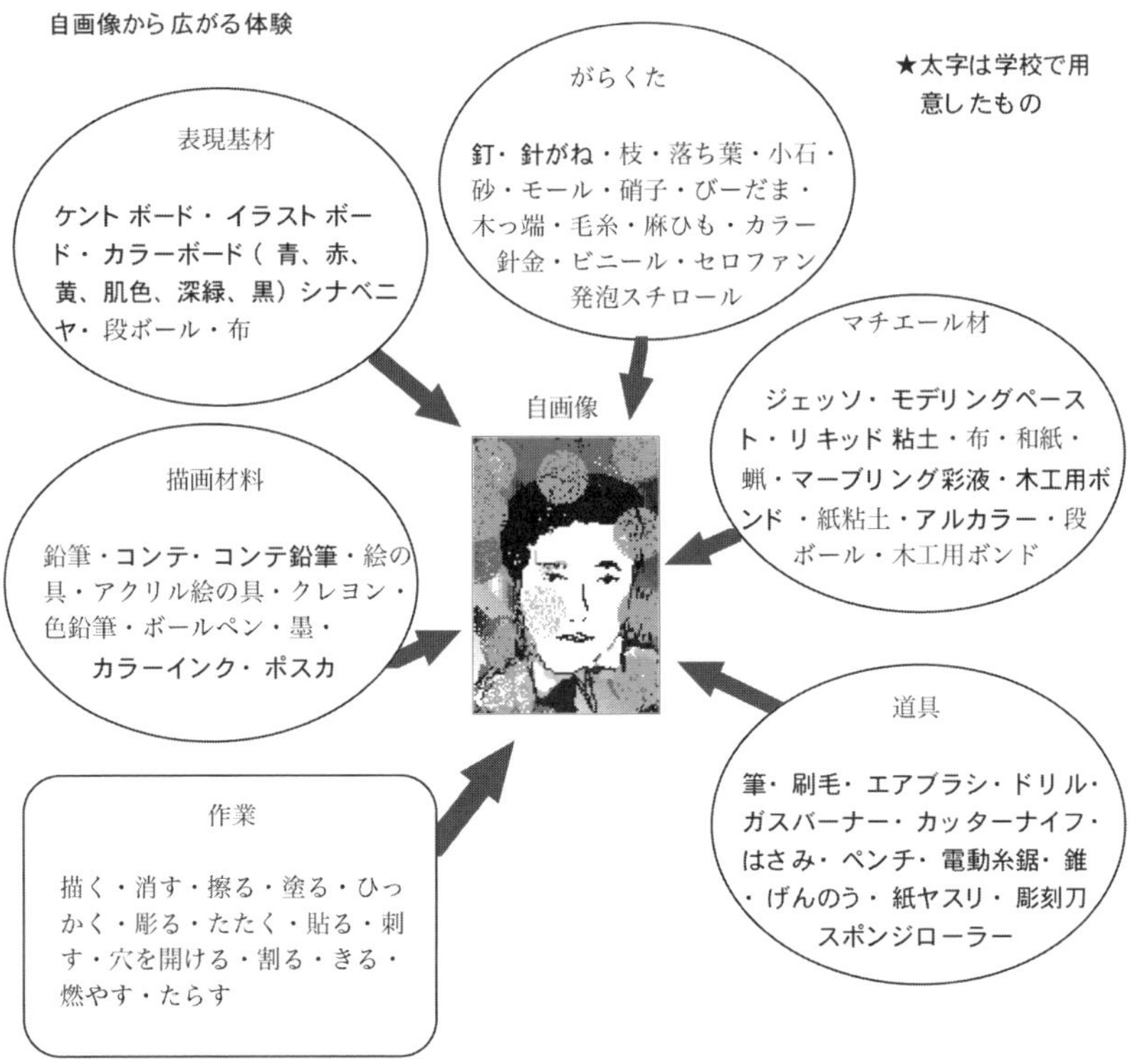
自画像から広がる体験
★太字は学校で用意したもの
がらくた
釘・針がね・枝・落ち葉・小石・砂・モール・硝子・びーだま・木っ端・毛糸・麻ひも・カラー針金・ビニール・セロファン・発泡スチロール
表現基材
ケントボード・イラストボード・カラーボード（青、赤、黄、肌色、深緑、黒）シナベニヤ・段ボール・布
マチエール材
ジェッソ・モデリングペースト・リキッド粘土・布・和紙・蝋・マーブリング彩液・木工用ボンド・紙粘土・アルカラー・段ボール・木工用ボンド
自画像
描画材料
鉛筆・コンテ・コンテ鉛筆・絵の具・アクリル絵の具・クレヨン・色鉛筆・ボールペン・墨・カラーインク・ポスカ
道具
筆・刷毛・エアブラシ・ドリル・ガスバーナー・カッターナイフ・はさみ・ペンチ・電動糸鋸・錐・げんのう・紙ヤスリ・彫刻刀・スポンジローラー
作業
描く・消す・擦る・塗る・ひっかく・彫る・たたく・貼る・刺す・穴を開ける・割る・きる・燃やす・たらす

〔4〕造形実験に取り組むための環境

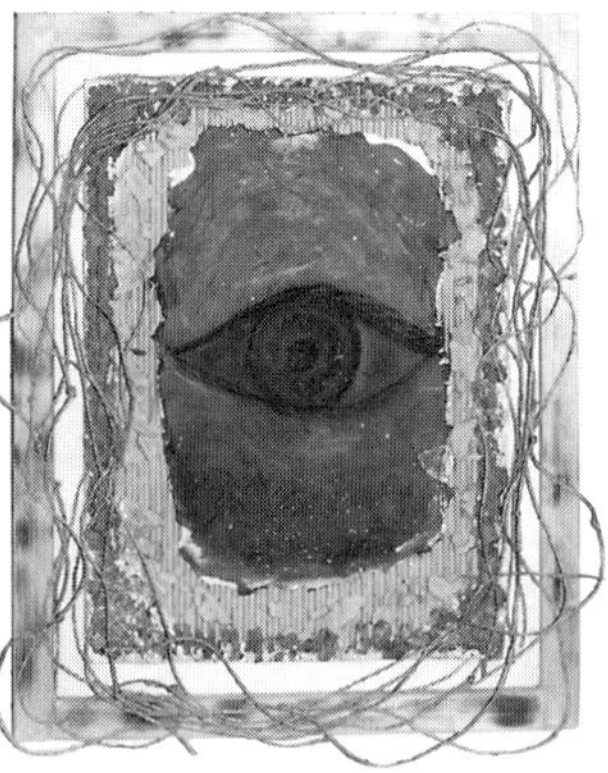

〔6〕「たくらむ目」シナベニヤ、段ボール、麻ひも、木、絵の具、コンテ

〔5〕「Mr. OKADA」シナベニヤ、モデリングペースト、絵の具

〔5〕、ほかにも基材に教室で使っている机の天板を使いたいと、教頭に許可をもらって廃棄予定の机から天板を外して使った生徒など、実に様々な作品が生まれていった〔6〕。一人一人が自画像で表したい主題に真摯に向き合い、材料や技法を自ら探っていった生徒たちの意欲と行動、そしてその姿と目の輝きは未だに忘れられないほどだ。そこには生徒一人一人が自分らしい表現を追究していく探究の姿が見られた。「実験」という提案が、学校の美術室を造形的な探究のための研究室《ラボ》に変えていったのである。

評価の仕方

　実験として取り組む生徒の姿をどのように評価するのかも実践の課題となった。当時の評価は「関心・意欲・態度」「発想や構想の能力」「創造的な技能」「鑑賞の能力」の四観点であった。生徒の自由で主体的、そして多様な実験を保証するとなると、制作の過程を十分に見取る必要がある。また、実験による作品消失というような状態に対しても、その学びの内容を評価し、実験活動を保証していかなくてはならない。そこから考えたのが制作過程を言葉と映像で記録し残していく「制作ファイル」である。ファイルはA3のケント紙を半分に折ったもので、左に毎時間の授業記録を書く制作カードを貼り、右側に毎時間の進捗状況を写した写真を貼れるようにしたものである〔7〕。当時ようやくデジタルカメラが技術科の備品として各学校に配置され始めたころで、早速、技術科教員に交渉し、美術科で使わせてもらった。

　制作カードの項目は左側から、「授業日」「今日の実験・やったことなど　今日の発見・感じたことなど」「次回の挑戦　こんなことをしてみたい」「次回の準備」「自己評価」となっている。この特徴は各自実験でやったことと、そこで何を発見したかという記録を書き、そして「次回の挑戦　こんなことをしてみたい」

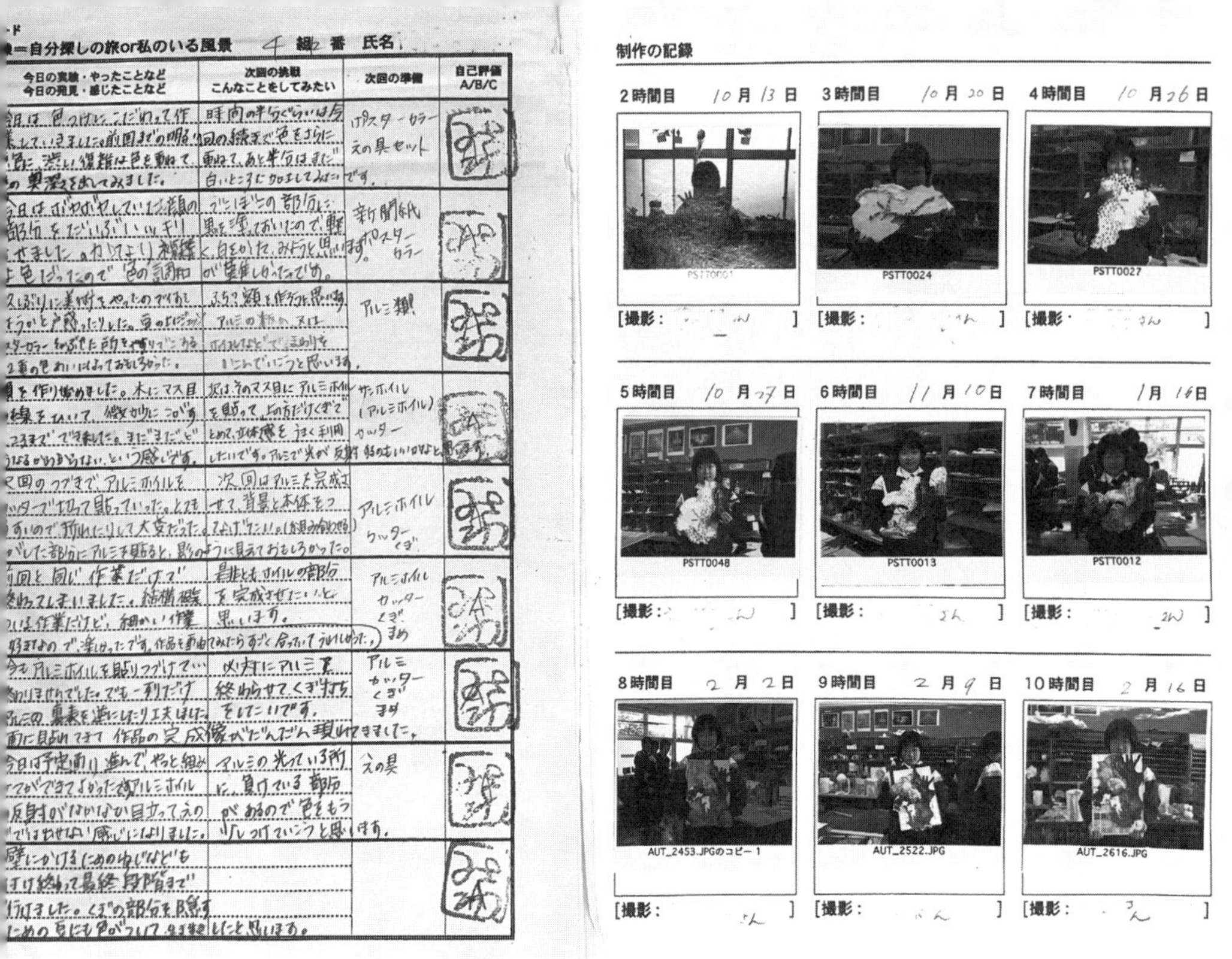

〔7〕制作過程を記録した「制作ファイル」

と、取り組む内容を生徒自身が決めた点にある。実験の過程は生徒によってそれぞれ異なり、授業で使う材料なども違ってくる。自分の表現したいことに合わせて学習の計画を立てることで、自身の学習への向き合い方も生徒自身でふり返ることができる。そのような生徒一人一人の学習の記録と、制作途中で行った生徒同士の相互鑑賞の記録なども制作ファイルに貼り込み、まとめていった。

この記録によって、生徒が毎時間どのような学びをしたのかを把握することができる。実際に作品をバーナーで燃やす実験を繰り返し、最終的に焼失してしまった生徒にも迷うことなく評定を出すことができた。このような多様な実験のプロセスを評価する具体的な手立てを考案できたことも、授業としての実験の可能性につながっていった。

そして何より、この「今日の実験・やった

ことなど」「今日の発見・感じたことなど」の欄に書かれた生徒の文章に、「造形的な視点」としての形や色彩、材料などのイメージに関わる気づきについて多くの記述があり、その内容を通して、私自身が生徒の実験における学習効果を確認できたことは大きい。実験を言語化するプロセスで、「造形的な視点」の獲得が効率的に行われていたという考察に至った。

2―美術教育と〔共通事項〕

二〇〇六年――〔共通事項〕との出会い

実験過程を取り入れた自画像の実践を三年間にわたって取り組んだ後に、私は中学校を離れ、美術館へ、そして大学へと職場を変えて、中学校での実践はそこで中断した。しかし自画像の実践で得られた知見は、その後も美術教育を考える上で自身の基盤となっていった。

二〇〇六（平成一八）年には、二〇〇八（平成二〇）年告示の「小学校学習指導要領図画工作編」（以下、平成二〇年版）の作成に協力者として関わることになった。主査の藤江みつる先生を筆頭に、文部科学省から奥村高明初等中等教育局教育課程課教科調査官のほか、大学、美術館、小中学校の現場から集められた総勢一五名で会議は進められていった。私が呼ばれた理由は定かではないが、当時、私は文教大学に勤めており、中学校の教員経験がある大学教員として、また小学校と中学校の接続を考える上で呼ばれたのだろう。この改訂は、ゆとり教育の見直し論議の中で、学力としての資質・能力に注目したものであった。

学習指導要領の作成会議は、中央教育審議会での審議や答申を受けて、どのようにその理念を図画工作の教育内容に反映させるのかを検討し、学習指導要領を作成する作業部会である。ほぼ毎回、なんらかの宿題が出た。会議では当初、自分にとって馴染みのない言葉や考え方が飛び交い、その都度理解していくことが大変であった。多分、多くの委員がそうだったと思う。そして、その会議で出てきた新たな言葉の一つが〔共通事項〕であった。

この〔共通事項〕について、調査官は「A表現」と「B鑑賞」に共通して働く力と説明した。ちなみに、平成二〇年版の解説では「子どもの発達の段階に応じて、各学校段階の内容の連続性に配慮し、育成する資質や能力と学習内容との関係を明確にするとともに、小学校図画工作科、中学校美術科において領域や項目などを通して共通に働く資質や能力を整理し、〔共通事項〕として示す。」となっている。小学校図画工作科、中学校美術科において領域や項目などを通して共通に働く…なるほど、美術においてすべての創造活動の基本になるものだなと、その時は理解した。学習指導要領の内容構成では、〔共通事項〕は「A表現」でもなく、「B鑑賞」でもない。そして「「A表現」及び「B鑑賞」の指導を通して、次の事項を指導する。」となっている。なんか変な言い回しだなぁと思いながらも、〔共通事項〕って美術にとって大切だなぁと思っていた。

二〇〇九年――「特定の課題に関する調査『美術』」

二〇〇九（平成二一）年から翌年にかけて、国立教育政策研究所が行った「特定の課題に関する調査『美術』」[*2]で、私は、問題作成委員、分析委員として、中学校美術の「発想や構想に関する問題」と「鑑賞に関する問題」についての調査に関わった。この「特定の課題に関する調査『美術』」については報告書に調査の趣旨が次のように書かれている。「特定の課題に関する調査は、平成一五年一〇月七日の中央教育審議会答申『初等中等教育における当面の教育課程及び指導の充実・改善方策について』において提言され、児童生徒の学力の総合的な状況を把握するために、従来から実施してきた『教育課程実施状況調査』の枠組では把握が難しい内容について調査研究を行い、今後の教育課程や学校における指導の改善に資するものである。」とある。

この委員会では、そもそも美術の能力はペーパーテストで測れるのか？という本質的な問題についても議論した。そして、あくまでも中学校美術の、そして学習の一部を切り取った「特定の課題」における調査という点で、作問を検討し、調査問題を作り上げていった。調査は中学校第三学年を対象として実施された。内容については註2の掲載サイトを参照してほしい。

さて、その「特定の課題に関する調査」の結果であるが、報告書のまとめ「III-6美術科の指導の改善に向けて」に、「形や色彩、材料などの感情効果を意識したり、イメージをとらえたりしながら、表現や鑑賞の学習を行うよう指導の充実を図る」[*3]とある。これは裏返せば調査の結果「造形的な視点」からの指導が不足している実態があぶり出されたのであり、〔共通事項〕に示された「造形的な視点」の習得に問題があるという結果を示している。

二〇一二年——「学習指導要領実施状況調査」

特定の課題に関する調査に続き二〇一二（平成二四）年から、「学習指導要領実施状況調査　中学校美術」に問題作成委員、分析委員として関わった。この学習指導要領実施状況調査は、次期（二〇一七〔平成二九〕年）学習指導要領改訂に向けて必要なデータ等を得るために、平成二〇年版に示された教科の目標や内容に照らした児童生徒の学習の実現状況の調査であり、ペーパーテスト及び質問紙調査を実施し、学習指導要領の指導事項において、何が学べ何が学べていないのか、その学習状況を調べるものである。

そこでは新たに平成二〇年版に盛り込まれた〔共通事項〕についての調査も行われた。報告書では〔共通事項〕の実現状況、課題等では以下の課題が挙げられている。

・形や色彩の性質や、それらがもたらす感情の理解、形や色彩の特徴などを基に、イメージを捉えることについては、感覚的に捉えやすい内容に関して、相当数の生徒ができていると考えられる。
・一方、概念や動きなど、造形的な視点をもって考えなければ捉えにくい内容に関しては、課題があると考えられる。
・〔共通事項〕に示されている形や色彩などの性質やそれらがもたらす感情などの視点をもって発想や構想をしたり鑑賞をしたりすることに課題があると考えられる。[*4]（下線は筆者による）

報告書の〔共通事項〕に関連する個別の問題の分析と考察を見てみると「伝えたい概念や動きなどの視点をもって考えなければ捉えにくい内容…については反応率が四〇％以下である」[*5]という記述もある（「反応率」とは、適正に判断できている割合）。このように学習指導要領実施状況調査においても、〔共通事項〕の指導については課題があることが示された。

さて、このような調査に関わっていると、ついつい、美大の学生はどうだろうと観察したくなってくる。武蔵野美術大学のような美術の専門大学ならば、色彩や形、材料、光などの性質や、それらが感情にもたらす効果、そしてそれらが組み合わさって生まれるイメージなどの〔共通事項〕についての理解があって当然だろうと考えたい。しかし、そうでもない実態が見えてきた。

〔共通事項〕と鑑賞の深まりの研究へ

二〇〇八（平成二〇）年から始めた「旅するムサビ」[*6]という、学生が制作した自身の作品を持って小・中学校に出向き、対話を通して作品鑑賞を行う取り組みがある〔8〕。旅するムサビは武蔵野美術大学のOBで中学校の美術教師をしている末至磨明弘先生からの強い要請、「教科書でしか作品を見ていない生徒に、是非、本物を見せたい」という願いから始まった。これまでに学生作品を使った対話鑑賞のほか、黒板にチョークで絵を描き、翌日登校した児童・生徒を驚かせる「黒板ジャック」や造形ワークショップ、滞在制作など、始めてから一五年間で実施件数は五〇〇件を超え、二七都道府県と海外三カ所で実施している。そして体験した児童・生徒は三万人を突破した。始めた当初はここまで広がるとは思ってもみなかったし、「旅するムサビ」という名称もなかった。

旅するムサビの原点である東京都東大和市立第二中学校での鑑賞授業「ムサシ×ヤマト」は、特に印象に残っている。作品を携えて末至磨先生の待つ美術室で、生徒と対峙した時の学生の顔には不安と緊張があらわに見えた。その不安感と緊張感が美術室の生徒にも伝わったのか、教室全体を静寂が支配した。末至磨先生の導入で始まった鑑賞授業も、末至磨先生の声ばかりが響きわたり生徒の発言が少ない。

〔8〕「旅するムサビ」2016 年　鳥取県大山町立名和中学校

そして生徒から出た学生へのわずかな質問に、学生自身が応える番となった。学生は自分の作品を前に話し始めたが、まだまだ表情が硬い……しばらくして、徐々に互いの緊張感がほぐれ、生徒たちが身をのり出して学生の話を聞く姿が現れ始めた。学生にも笑顔が出てきた。そして話し終わると、自然に拍手が出たのだ。見ず知らずの者同士がたった数十分で関係が深まる学生と生徒の対話鑑賞の面白さを発見した瞬間だった。

このような対話鑑賞の体験は、教職を目指す学生にとって貴重な現場体験になる。中学生にとっても作者から話が聞ける鑑賞体験は、作品への興味をかきたてる滅多にない経験だ。そして学生と生徒が作品を介して対話し鑑賞を深めていく活動の必要性を感じ、この「ムサシ×ヤマト」以降、私たちの活動を「旅するムサビ」と名づけて、全国へと活動を広げていくこととなった。

旅するムサビを始めて数年経ったころ、鑑賞がなかなか深まっていかない〝もやもや感〟を感じ出した。取り組みを始めた当初は活動自体が面白く、鑑賞の深まりにさほど関心は向いていなかったが、回を重ねると、それまで気づかなかったものが見えてくる。子どもたちと作品について対話をしながら鑑賞を進める際に、作品の魅力を言葉にして伝えられない学生や、ファシリテーションを通して子どもたちから作品について意見や感想を引き出せない学生が意外と多いことに気がついたのだ。

たとえば「なんでこの絵を描いたの?」という子どもたちの質問に学生が答える場面で、「なんとなく」という言葉を耳にした。また、学生が作品の鑑賞をファシリテートしていく場面で子どもたちに、作品を見る視点を示せず、その結果、対話が深まらない場面も多くあった。たしかに鑑賞を深めるファシリテーションの方法については多少の練習が必要であるが、どうも、それ以前の問題であると感じた。その原因は、美大生に多く見られる(美大生だけではないかもしれないが)自分の作品について話すことが苦手であるという意識である。それは言葉にすればするほど自分の伝えたいことから離れていってしまうような感覚、そして、言葉で伝えられないから描いているんだという言い訳。この言い訳は、過去の自分にも思い当たる節がある。ただ、このように言葉にすることを避け、曖昧な感覚だけでその場をやり過ごしていては、そのうち制作にも行き詰まるだろう。なぜならば感じたことを言葉にすることで、あらためて作品の魅力や課題が見えてくることがとても多いからだ。

苦手意識の根底には「造形的な視点」を意識していない、言葉にして伝えることができない、または、今まで言葉にすることをしてこなかったという問題が潜んでいる。対話鑑賞は作品について他者と対話することで、自分では気づけない視点や感じ方を得られる学びの時間になる。鑑賞が深まると、描かれた作品から自由に想像して物語をつくるだけの表層的な活動に止まらず、作者の思想を感じ取る深い洞察まで到達できる鑑賞活動となるのであるが、そのためには「言葉」が必要なのである。

そして、この言葉の問題について、武蔵野美術大学の初年次教育の課題として捉えて向き合ってみようと考え、「造形的な視点」を持って鑑賞する作品の批評行為に着目し、芸術文化学科の米徳信一教授と「造形と批評」という実験的な授業を立ち上げた。さらに研究費を取得して「造形的な視点」を持つことと鑑賞の深まりの関係を研究し、報告書と論文「造形批評力獲得のためのプログラム開発『旅するムサビ』の取り組みと『造形と批評』」[*7]をまとめた。その論文では、「一人一人が自分の感じ方、考えを大切にしながら作品を見ることが意外と訓練されていない状況が把握できたとともに、自分の考えを持つ段階で直感的な感覚が重要であり、その直感的な感覚をもとに造形的な根拠を持ちながら作品を解釈していく能力の獲得が今後ますます重要である」と研究の成果を総括した。

旅するムサビの活動から美術を専門的に学ぶ大学生ですら、「造形的な視点」を持って鑑賞したり批評したりする力が不足していることが見えてきたのである。大学入学以前の美術教育における「造形的な視点」を捉える学習活動に、大きな課題があることが浮き彫りになったのである。

「知識」の実感的な理解を求めて

さて、造形活動において必要となる「造形的な視点」であるが、二〇一七（平成二九）年告知の「中学校学習指導要領解説 美術編」（以下、平成二九年版）では、「造形的な視点」を豊かにする「知識」の習得方法について「新たな学習過程を経験することを通して再構築されていくものである」と示されている。この「新たな学習過程」とはA表現とB鑑賞の授業で取り組む題材のことであり、新たな題材に取り組むことで既知の「知識」が活用され、新しい「知識」として再構築されていくと解釈できる。

先述の特定の課題及び学習指導要領実施状況調査から見えてきた美術の学習における課題点は、学習指導要領にある〔共通事項〕の指導事項「ア　形や色彩、材料、光などの性質や、それらが感情にもたらす効果などを理解すること」については比較的理解できているが、「イ　造形的な特徴などを基に、全体のイメージや作風などで捉えることを理解すること」については十分とは言えないと指摘されている点である。つまり、色彩や形などの単体で示された時に感じるイメージは比較的理解できているものの、作品のようにそれらが組み合わさったり総合的に表現されたり、さらには、作品として伝えたい概念や動きなどの視点を持って考えなければならない対象については十分に理解が進んでいないという課題であった。

現状では〔共通事項〕の習得状況にこのような課題があり、表現や鑑賞の学習活動を充実させようとしても、美術を学ぶ上で活用できる「知識」や、新たな「知識」の習得が十分に行われていない状況では、学習の深化は難しいと言えるのである。

美術の授業で扱う「知識」は、日常的に私たちが使う意味とは異なり、個人の身体的体験から生まれる感情や感覚とつながっている。たとえば「あの人は博識だね」というように、文字情報を通して知り得る多様な情報を知識と呼ぶのではなく、あくまでも個人の体験をもとに感情と結びつき生まれた概念を「知識」として扱っている〔9〕。ゆえに学習指導要領では、「実感的に」という体験を通して感じ取る言葉が使われている。このように異なる意味を持った「知識」に対して、ここでは一般的に使われている知識と、美術で扱う「知識」を区別するため、「」でくくり「知識」と表記し使い分けている。

あらためて自分自身の過去の授業実践をふり返ってみると、自画像の実践を行っていた当時は〔共通事項〕という言葉も、そのような考え方もなかったが、生徒は自画像制作を通して造形の要素としての色彩や形、材料の質感を「造形的な視点」から確認し、造形が持つ言葉の理解を深め、言語化による定着、さらにはそこで得た「知識」を意図的に使いこなし工夫して表現していたのである。四半世紀以上前の実践ではあるが、あらためてその実践に「知識」の習得、すなわち〔共通事項〕を効果的

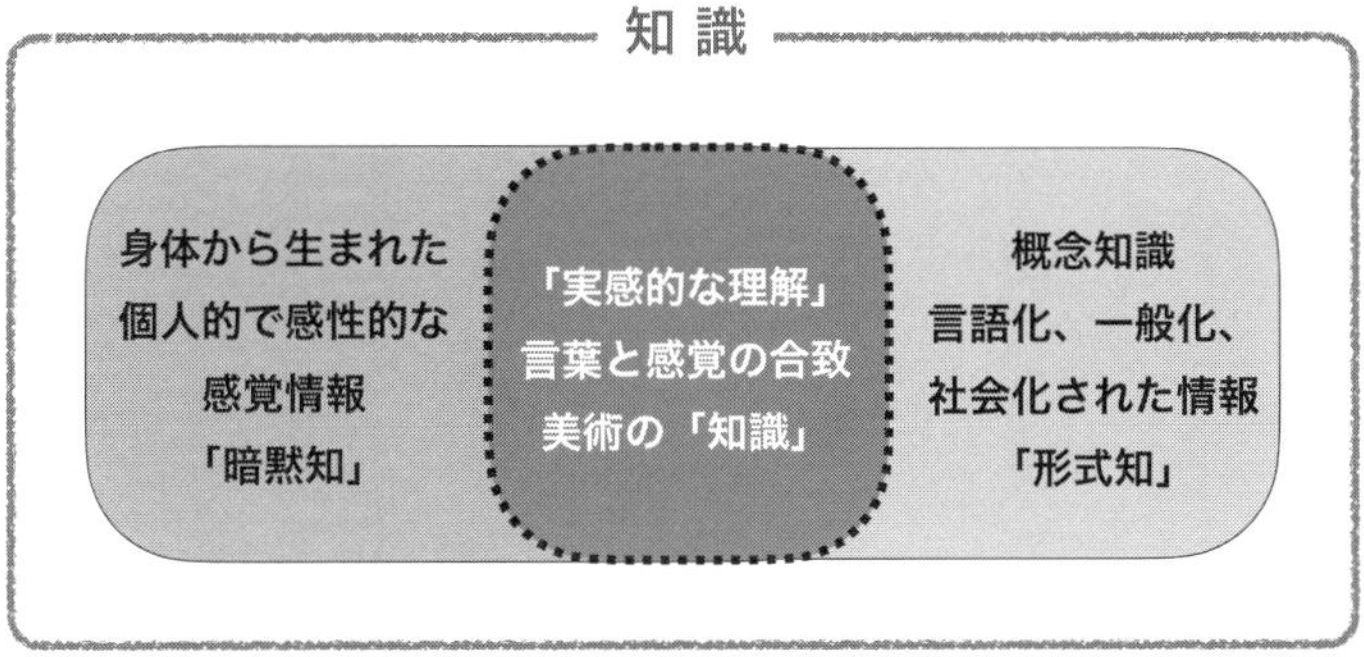
知識
身体から生まれた
個人的で感性的な
感覚情報
「暗黙知」
「実感的な理解」
言葉と感覚の合致
美術の「知識」
概念知識
言語化、一般化、
社会化された情報
「形式知」

〔9〕一般的な知識と美術における「知識」の概念図

に習得できる学習活動として「造形実験」の可能性と期待が見えてきたのである。

そして、その造形実験の可能性と期待は、これからの情報デジタル化社会に向けて美術の果たす役割を考える機会にもなっていく。今日ではインターネットを介した美術表現や生成ＡＩの出現などで、今までの表現領域を越える多様な表現や新たな美術の解釈も生まれてきている。それらにも対応できる美術の基礎的な資質・能力を身につけるためには、これまでの「Ａ表現」と「Ｂ鑑賞」の二つの領域の造形活動にこだわることなく、新たな「知識」を習得する活動として、挑戦的な実験の学習過程が必要となるのである。次の章ではそのような造形実験の学習構造について考えてみたい。

＊註

1 三澤一実「平成一〇年度 埼玉県長期研修研究報告書『自分らしい表現を追求できる教材の研究と開発』」二〇〇〇年。
2 「特定の課題に関する調査（図画工作・美術）調査結果（小学校・中学校）」国立教育政策研究所教育課程研究センター、二〇一一年。
https://www.nier.go.jp/kaihatsu/tokutei_zukou/houkoku_zentai_001.pdf
3 同、二七六頁。
4 「平成二五年度 学習指導要領実施状況調査　教科等別分析と改善点（中学校 美術）」国立教育政策研究所教育課程研究センター、二〇一八年、中美1。
https://www.nier.go.jp/kaihatsu/shido_h25/02h25/07h25bunseki_bizyutsu.pdf

5　同、中美9。

6　通称「旅ムサ」。武蔵野美術大学の学生が制作した作品を持参し、子どもたちと対話して鑑賞する「対話鑑賞」を中心に、黒板に絵を描き子どもたちを驚かせる「黒板ジャック」など、既存の授業では実施しにくい美術教育活動を展開。二〇〇八年に活動開始。二〇一七年度グッドデザイン賞受賞。

7　三澤一実・米徳信一・東良雅人「造形批評力獲得のためのプログラム開発『旅するムサビ』の取り組みと『造形と批評』」、科学研究費補助金、平成二五―二七年度 基盤研究（C）課題番号25381216「造形批評力の獲得を目指した校種間交流鑑賞プログラムの開発と普及システム作り」報告書、二〇一六年。

10

造形実験の理論

三澤一実

教育は常に可能性を考えていくことが重要だ。これまでのものの見方から、ちょっと視点をずらして考えてみる。そしてシンプルにものごとを捉えてみる。すると気づかなかったものが見えてくる。造形実験の考え方とともに、これからの高度情報化社会において、美術教育の必要性を考えてみる。

1――現行の学習指導要領における「知識」の捉え方

「造形的な視点」の強調

「美術の知識とは何ですか」と聞かれたら、人はどのように答えるだろうか。ある人は「表現に必要な材料や技法のことだ」と答えるだろうし、またある人は「美術史で学ぶような有名な作家や作品のことを知っているかどうかだ」と答えるだろう。町に出て「美術の知識とは何ですか?」と質問し、「形や色彩、材料、光などの性質や、それらが感情にもたらす効果などを理解すること」と「造形的な特徴などを基に、全体のイメージや作風などで捉えることを理解すること」と答える人は、まずいないだろう。そのような人に出会ったら、私は「中学校の美術の先生ですネ」と、九九・八パーセントの確率で言いあてる自信がある。言葉とは実にやっかいなものであり多義的なものである。

二〇一七(平成二九)年告示の学習指導要領(以下、平成二九年版)では、これからの時代を生き抜く資質・能力として、全教科等において学習目標が三つの柱「知識・技能」「思考力・判断力・表現力等」「学びに向かう力・人間性等」で整理された。すべての教科等が同じ資質・能力で整理されたのと同時に、各教科等の存在意義として「各教科等の特質に応じた見方・考え方のイメージ」[*1]が示された。このことにより、たて糸に資質・能力、よこ糸に各教科等の特質という、いわば学習内容の布が織られることになった。そして、これまで美術科において曖昧であった美術の「知識」に〔共通事項〕が位置づけられた。

前章でも述べたが、初めて〔共通事項〕という言葉が登場した二〇〇八(平成二〇)年告示の学習指導要領(以下、平成二〇年版)では、〔共通事項〕は「領域や項目などを通して共通に働く資質や能力」として、評価の観点の外におかれていた。それが、平成二九年版では、新たに学習目標の「知識」に位置づけられたことで、学習評価の対象となる「表現及び鑑賞の学習において共通に必要となる資質・能力」となった。

平成二九年版解説で〔共通事項〕は、造形的な視点を豊かにするために必要な知識とされ、「知識」を活用して諸能力を伸ばし、「生活や社会の中の美術や美術文化と豊かに関わることができるようにすること」と、美術と豊かに関わる基礎的な資質・能力の一つとして述べられている。そして、この豊かにすべき「造形的な視点」という文言の記載数を調べてみると、平成二〇年版解説（中学校 美術編）では一カ所であることに対して、平成二九年版は九〇カ所を数える。この点からしても美術科の学びにおいて「造形的な視点」を豊かにする「知識」、すなわち〔共通事項〕に示された造形の要素の働きを「知識」として理解する重要性が格段に上がったと言えるのである。

また、平成二九年版解説では第1章総説の美術科改訂の趣旨と要点の目標の改善に「教科の目標では、美術は何を学ぶ教科なのかということを明示し、感性や想像力を働かせ、造形的な視点を豊かにもち、生活や社会の中の美術や美術文化と豊かに関わる資質・能力を育成することを一層重視する。[*2]」とあり、「造形的な視点」を豊かに持つために必要な「知識」としての〔共通事項〕の習得が、この改訂で重視されていることがうかがえる。

そしてこの「造形的な視点」については、先に述べた「各教科等の特質に応じた見方・考え方のイメージ」にも、「感性や想像力を働かせ、対象や事象を造形的な視点で捉え、自分としての意味や価値をつくり出すこと」とあり、「造形的な視点」で捉え、自分としての意味や価値をつくり出すことが、他教科と異なる美術科ならではの特質として明示されている。このように、〔共通事項〕の習得が創造活動において重要な能力として扱われ始めたことも大きな変化である。

美術科の「知識」の捉え方

さて、ここでは前章でも触れた美術の「知識」の捉え方について、私たちが日常的に使っている知識と意味が若干異なることを改めて考えてみたい。

私たちが日常的に使っている知識の意味は、たとえば国語事典のように、すべての人が共有できる言語情報や言語化され固定された意味を持つ言葉（記号）として扱うことが多い。「あの人は博識だ」というように知識の量で捉えることができる。ところが美術では個人の体験によって生まれた感情が、その場に存在する色彩や形、光や質感などの「造形的な視点」と結びつき複合的に記憶された、〃その感じ〃を言葉と紐づけ「知識」として扱っている。この場合の知識は質として捉えることができる。

たとえば新緑の森を歩いた時に感じた爽やかさは、「新緑の緑」という言葉と、「爽やか」という感情が結びつき、新緑の緑色は爽やかさを感じさせる働きがあるという「知識」となっていく。そして、その体験によって記憶された「知識」は、表現活動や鑑賞活動において〃知っている「知識」〃として活用され、爽やかな感じを伝える視覚的な造形の言葉として、作品を描く時に活用されたり、そのような色彩で描かれた作品に出会った際に「知識」が発動され作品のイメージがつくられたりする。

このように身体感覚を通して身についた（身体化された）美術の「知識」は、その人の個別的な体験に基づき形成されていく。よって他人と比較した際、似たような傾向を示したり、あるいは全く異なる意味を持ったりすることもある。つまり人によって必ずしも同じではない。

中央教育審議会では今回の改訂に際し、次のように「知識」の用語整理を行っている。


（次期改訂における「知識」とは何か）

「知識」については、事実的な知識のみならず、学習過程において試行錯誤をすることなどを通じて、新しい知識が既得の知識と関係づけられて構造化されたり、知識と経験が結びつくことで身体化されたりして、様々な場面で活用できるものとして獲得される、いわゆる概念的な知識を含むものである。

（芸術分野における「知識」とは何か）

芸術分野における「知識」は、一人一人が感性を働かせて様々なことを感じ取りながら考え、自分なりに理解し、表現したり鑑賞したりする喜びにつながっていくものであることが重要である。身体を動かす活動なども含むような学習過程を通じて、知識が一人一人の個別の感じ方や考え方等に応じて構造化・身体化されることや、さらに新たな学習過程を経験することを通じて再構築され、知識が更新されていくことが重要である。（なお、いわゆる「概念的な知識」の獲得が一般概念の獲得に留まるものではないことに留意する必要がある。）[*3]

個人の体験に基づく知識について、認知心理学的見地からレベッカ・フィンチャー－キーファー[*4]は『知識は身体からできている』の中で、「身体化された認知は、概念知識の表象が身体に依存することを意味する。」と述べ、「認知は特定の個人の形質と生理機能に合わせて調整された知覚・運動処理から生じる。このような考え方からすれば、自分自身の身体や感情に特有の特徴や属性が、感覚情報を獲得し使用する能力を決定づけ、感覚情報に意味を与える―知識に変える―のである。[*5]」と、知識は一人一人の身体特性に基づいた経験に依拠するものだとしている。つまり美術の「知識」は、身体とともにある感性や想像力と切り離せない個性を伴う「知識」となるのである。

渡邊淳司は感覚情報の意味づけについて『情報を生み出す触覚の知性』の中で、情報工学の見地から「記号接地」について説明している。「記号接地」とは記号（言語）が身体的な感覚と「接地」するという意味である。渡邊は、「言語記号の意味を『自分事』として理解するためには、言語記号自体を学習するとともに、言語記号の指し示すものを自身の体験に接地すること（「記号接地」）が必要となります。」と述べ、さらに「記号接地問題は記号あふれる現代に生きる私たちの情報認知にとっても大きな問題となります。普段、私たちが使用している記号は、すべて自身の感覚によって接地されたものだといえるでしょうか。むしろ、接地しない状態で使用している記号も多いのではないでしょうか。[*6]」と、本質的な理解を伴う言葉の獲得を、「触知性」という身体との接続で生まれる知性について問うている。一例として、「心臓ピクニック」というワークショップを紹介している。それは、自身の心臓の鼓動を擬似的に触れる心臓ボックスを作り、触ってみることにより「命」という記号の意味をリアルに感じ取る体験をさせるものである。実際に参加者がボックスを触ることで、触覚を通した感覚情報と、「命」という言葉とを接地させ、命の意味を広く深く意味づける「記号接地」が可能となる。このように知識とは言葉などの記号情報のみならず、そこに身体（感覚情報）を経由させることにより、知識を自分事として理解していくことが大切なのである。

美術ではこのような知識の習得における課題（記号接地）を、体験を通して学ぶ「知識」として、実感的に捉える人間でしかできない強みとして再確認していく必要があるのではないだろうか。

知識としての〔共通事項〕

このように美術における「知識」を、身体感覚を通して身体化された「知識」であると捉えてみると、学習指導要領解説に書かれている〔共通事項〕の「知識」の習得について理解を深めることができる。

解説では「〔共通事項〕が示す各事項の理解とは、具体的には、形や色彩、材料、光などの性質や、それらが感情にもたらす効果、造形的な特徴などから全体のイメージや作風などで捉えるということについて実感を伴いながら理解できるようにすることである。[*7]」と書かれている。

つまり「実感」とは言葉と感覚が合致した（接地した）状態であり、身体化された知識になることと言える。この身体化された「知識」は、身体を持たない人工知能（ＡＩ）にはどうあがいても到達できない領域であり、一人一人の人間が生み出すユニークな能力として価値づけることができる。それは前述した中教審答申の「各教科等の特質に応じた見方・考え方のイメージ」に示された「造形的な見方・考え方」の、「感性や想像力を働かせ、対象や事象を造形的な視点で捉え、自分としての意味や価値をつくり出していくこと」を支える「知識」となり、美術の本質的な見解を示すのである。

アメリカの教育学者であるエリオット・Ｗ・アイスナーは『美術教育と子どもの知的発達』で、芸術教育の果たす役割について「芸術教育の最大の価値は、諸芸術が、人々に外界を理解させるというユニークな貢献にある」と述べている。そして人生において美術の役割は「人間の体験おける美術の機能」で確認できるとし、「人間に想像的な観念を与えるということがある。…つまり、言葉では言いようがない個人的な感情を、他の人々にもわかってもらえるような一般的な形体にかえる」とし、「美術は口では表現できないものや空想的なものに形を与えるばかりでなく、われわれの諸感覚を生き生きとさせる役割も果たしている。」

「特色あるものをより一層きわだたせる」「美術的な眼が培われることによって、われわれは周囲の状況がより一層につかめるようになる」「幻想や夢の世界に誘う。」「心の中に潜む思想や感情を引き出させる」「経験のほんの些細な面にもわれわれの目を向けさせ…それらの中に新しい価値を見出すことを可能とさせている。」などの美術の機能をあげている。[*8]

私たちは美術的な視点を持つことにより、日々の暮らしの中で漠然と捉えていた周囲の状況や、全く気にもとめていなかった身の周りにあるものやことが、よく見えるようになるのである。たとえば、スケッチブックやカメラを持って散歩すると、面白いもの、美しいものを見つけようと、普段より見ることを意識して散策しないだろうか。また、お気に入りのオブジェなどを机の上に置くと、それまで気にしていなかった机の上にある些細なものが目についたりしないだろうか。そのような美術的な体験は、周囲の状況に自らの意識を向ける姿勢につながり、その対象がものからことへ、そして社会的な事象まで、自分事として捉える意識を持つことにつながっていくのである。

アイスナーの言葉は〝体験によって身につく芸術的な視点は、世界を捉える視点として人の人生において機能していく〟と言い換えることができる。つまり、「造形的な視点」を持つことで美術の「知識」を日常生活で活用し、自分を取り巻く外界を理解したり、新たに捉え直したりする能力が身につくということである。その能力は、批判的思考やイノベーション、さらにはコミュニケーション、コラボレーションなどの現代社会を生きるために必要とされる「二一世紀型スキル」[*9]に貢献し、それらの能力を支える「知識」となっていくのである。

整理すると、美術の「知識」は知識の質であり、美的な体験や学習活動などの体験から生まれた各自の感覚情報が造形的な特徴と関連づけられたものである。そして、新たな体験が繰り返し加わることでその意味が書き換えられ、イメージの広がりと深まりを伴い、造形の要素が持つ言葉として概念が形成されていく。すなわち美術の「知識」とは、言葉（記号）と、身体感覚を伴う経験の双方によって、身体を通して受け取った感覚情報が基盤化（身体化）されたものと言えるのである。その基盤化された「知識」は私たちに自分を取り巻く世界を認識させたり、新たな発想を生み出しイノベーティブな視点を与えたり、他者との共感や理解を生み出すコミュニケーションの言葉として生活の中で機能していくのである。

あらためて学習指導要領解説を読んでみると、学校教育における美術教育では「生活を美しく豊かにする造形や美術の働き、美術文化についての理解を深める」[*10]を課題とし、美術と生活とのつながりを重視しているが、その大きな理由は美術の学びは体験を通して学ぶという絶対的な特徴があり、美術は私たちを取り巻く外界との接続なくしては、学びを深めることができないと言えるのである。その最も身近な場所が生活なのである。

造形実験は、このような身近な生活から得た感覚や感情に伴うイメージを学びのテーマとし、実験という濃密な探究の時間の中で、体験を通した「知識」の習得プロセスを実現する。そこでは既知の「知識」の活用だけにとどまらない挑戦的で実験的な造形体験が行われ、そして言語とイメージの接地を試み、新たな「知識」を習得していく。さらには、造形的な実験活動を思いつく発想や、実験の成果を捉える〝見る力〟や分析力を鍛え、活動全体を通して創造的に表す「技能」や、発想や構想の能力、鑑賞の能力という「思考力・判断力・表現力等」も伸ばしていく学習活動となっていく。

学習指導要領への問い

さて、このような資質・能力の「知識」に位置づけられた〔共通事項〕であるが、その学び方については、学習指導要領解説には具体的な記述が見られない。

平成二九年版の学習指導要領解説には〔共通事項〕について「…〔共通事項〕を造形的な視点を豊かにするために必要な知識として整理し、表現や鑑賞の学習に必要となる資質・能力を育成する観点から改善を行った。加えて「内容の取扱い」において、〔共通事項〕の指導に当たって、生徒が多様な視点から造形を豊かに捉え実感を伴いながら理解することができるように配慮事項を示した。[*11]」とある。〔共通事項〕の内容は示されたが、その指導については「実感を伴いながら理解する」とし、「A表現」及び「B鑑賞」の指導を通して指導するという書き方にとどまっている。

また、「造形的な視点」について次のような記述も見られる。「どれだけ多くのよさや美しさが自分の身近な生活の中にあったとしても、造形的な視点がなければ気付かずに通り過ぎてしまう。そして、よさや美しさなどの価値や心情などを感じ取る力も十分に育っていかないものである。…造形的な視点をもつことで、漠然と見ているだけでは気付かなかった身の回りの形や色彩などの働きに気付いたり、よさや美しさなどを感じ取ったりすることができるようになる。[*12]」そして「造形的な見方・考え方を働かせるためには、表現及び鑑賞のそれぞれの活動において、このような造形的な視点を基に、どのような考え方で思考するかということを一人一人の生徒にしっかりともたせるようにすることが必要である。[*13]」とある。

この「一人一人の生徒にしっかりもたせるようにする」ために「どのような考え方で思考するか」の指導は各教師に任されるのであるが、その際、生徒が「どのような考え方をしたらよいのか」、そして、どのように「造形的な視点」を意識して美術の「知識」を習得していくかという具体的な探究の仕方は、生徒一人一人の個性や経験によって変わってくる。よって教師は生徒との個別の関わりが必要であり、一律な全体指導ですむようなものではない。さらに今日では造形的な生活体験の不足に伴い、生徒自身が「造形的な視点」を基にどのような考え方で思考するかという探究の経験自体が乏しく、一人一人の能力を伸ばし切れていない現状があるのではないだろうか。

〔共通事項〕の指導は、「「A表現」及び「B鑑賞」の指導を通して…指導する」と示されているが、「知識」の習得のために「造形的な視点」を意識させる十分な手立てをもって指導しないと、生徒は今まで通り作品に表現することや鑑賞することを授業の目的としてしまうだろう。その結果、「造形的な視点」を豊かにして新たな「知識」を積極的に習得していく学び、そして、挑戦的な造形的探究の仕方を学ぶことについては不十分のまま学習活動を終えることも多いと考えられる。教師も目に見える作品がないと評定に不安を覚え、制作に向かわせる指導になってしまう。

授業の目的が作品制作に焦点化された結果、授業では既習の知識や技能の活用は行われるが、新たな「知識」の習得が十分に行われず、それが今までの学習指導要領実施状況調査などに見られる指導上の課題を生んでいると考えられないだろうか。[*14] うがった見方をすれば学習指導要領解説の〔共通事項〕の指導に関する記述を、「すでに知っている造形的な知識を活用して」と読めなくもない。

造形実験は挑戦的な実験という探究のプロセスを体験することで、「造形的な視点」を生かした思考の仕方を学ぶ取り組みであり、その学びはおおよそすべての造形活動において活用できる汎用的な〝学び方を学ぶ体験〟となる。そして一人一人の生徒が取り組んだ探究の成果は、造形実験の特徴でもある研究発表というまとめの時間で、個人が実験を通して発見した「技能」や習得した「知識」がクラス全体で共有され、個人の知識へと転移していく。そこでは、学び方には多様な手段が存在するということが確認されるとともに、実験テーマに沿って探究されたイメージが造形と言葉との接地を生み、美術の「知識」として概念の構築につながっていく。

今後「知識」の習得は、高度情報化社会、デジタル化を迎えた社会において必須の能力になっていくことに疑う余地はない。それは日々発信され続ける膨大な視覚情報の中、また生成ＡＩが日々進化する中で、必要な情報を間違うことなく読み解き、活用し発信していくための言語になっていくからである。また、学校教育においては教科横断的な学習やＳＴＥＡＭ教育を考えていく上でも、表現やコミュニケーションの基礎として、さらには思考を支える一つの言語として、美術で身につける「知識」はこれまで以上に重要度が増していくことは容易に理解できる。

このような時代の要請を受けながら、これからの美術教育は「知識」の習得につながる造形体験の充実が、美術科のわずかな授業時間の中で強く求められていくのである。

2―「知識」の習得を目指す造形実験の構造

造形実験の学習構造

造形実験は特に「知識」の習得を中心に据えながら、創造的な「技能」や、「思考力、判断力、表現力等」も伸ばしていく学習活動である。その学習構造は、①課題把握、②実験、③研究発表の三つの活動で成り立つ〔1〕。たとえば①の課題把握では「緊張感を考える」[*15]など、実験で追究する研究テーマについて理解し、②では研究テーマに基づきその問題解決方法をそれぞれが考え探究し、③の研究発表で研究成果を発表しクラスで共有する。

特に③の研究発表では、各自が取り組んだ実験方法と実験の過程を紹介し、造形的な解釈や、そこから習得した新たな「知識」等の学習成果をクラスに向けて発表する。一方、発表を聞く生徒は同じテーマで探究した自らの体験と重ね合わせ、発表者の個別的な学びを理解していく。研究発表は同じテーマのもと、クラスの人数分の多角的で豊かな「造形的な視点」が紹介され、その共感的理解を通して「知識」の習得が行われ、概念の再構築や、見方や感じ方を広げ深めていく。

②の実験過程も特筆できる。②では新たな「知識」の獲得において〔2〕の右側に示したような、造形実験の特徴である多くの素材や対象などの操

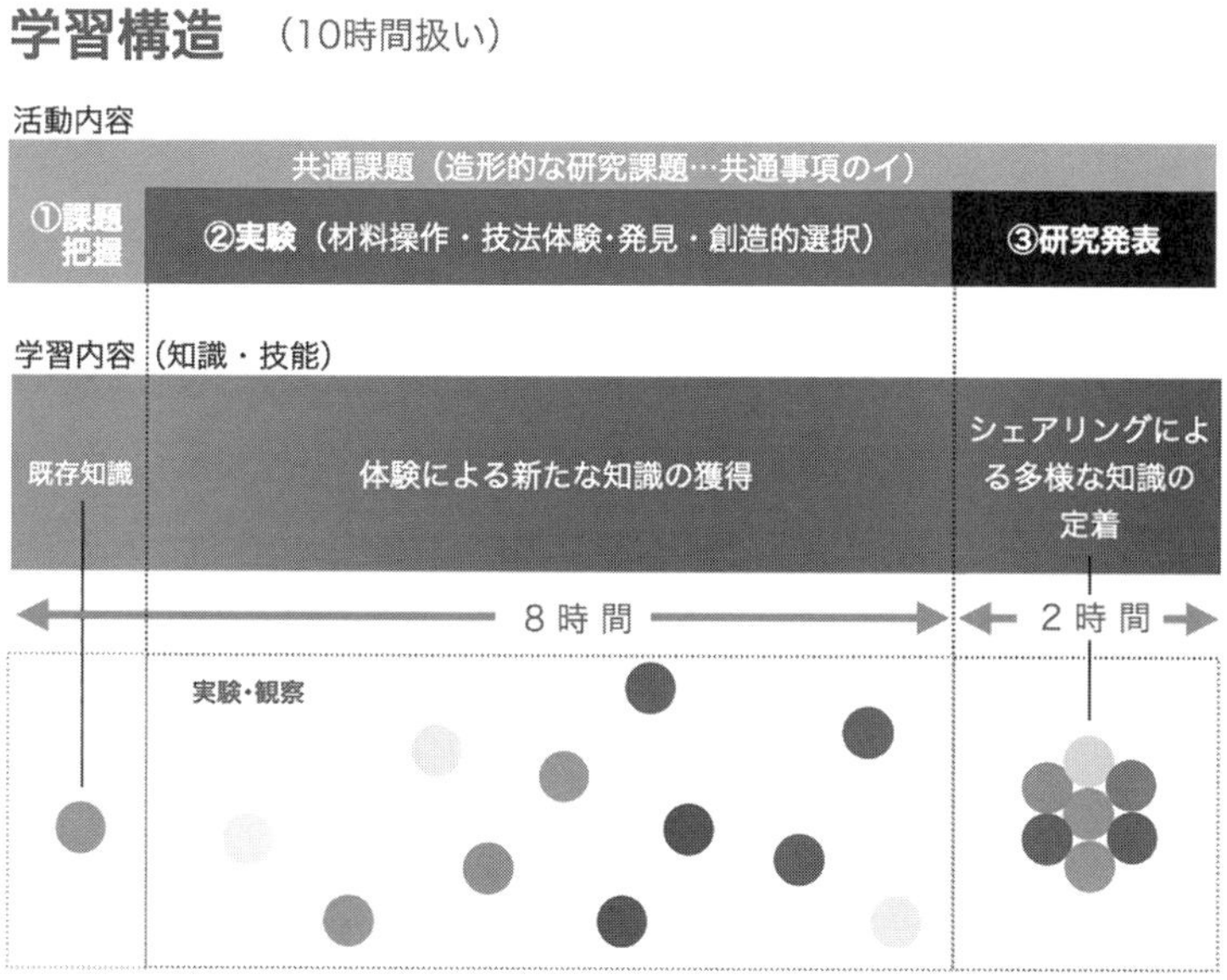

学習構造 （10時間扱い）
活動内容
共通課題（造形的な研究課題…共通事項のイ）
①課題把握
②実験（材料操作・技法体験・発見・創造的選択）
③研究発表
学習内容（知識・技能）
既存知識
体験による新たな知識の獲得
シェアリングによる多様な知識の定着
8時間
2時間
実験・観察

〔1〕造形実験の学習構造（10時間）

作が繰り返される。

〔2〕では左に従来の「A表現」の、作品に表す授業を「垂直型授業」と名づけて示し、右に造形実験の授業を「水平型授業」として図式化して示した。左の垂直型授業の目標は作品に表すこと。右の水平型授業の造形実験では目標が研究テーマに対して自分のイメージとなる納得解（概念）を得ることとなる。実験過程では試行錯誤を繰り返し、「造形的な視点」から、素材（対象や事象）を分解し、さらにその分解された要素を組み合わせ、イメージをつくりあげる再構築が行われる。この素材の分解と再構築というのは、材料やイメージを形や色彩、光や奥行き、動き、質感などの造形的な要素などに分解し、その要素に着目して作品などの意味を読み解いたり（〔共通事項〕「ア」に該当）、それらを表現や鑑賞の活動を通して再構成し、全体のイメージを持ったり類別したり（〔共通事項〕「イ」に該当）する試行錯誤の過程を言う。

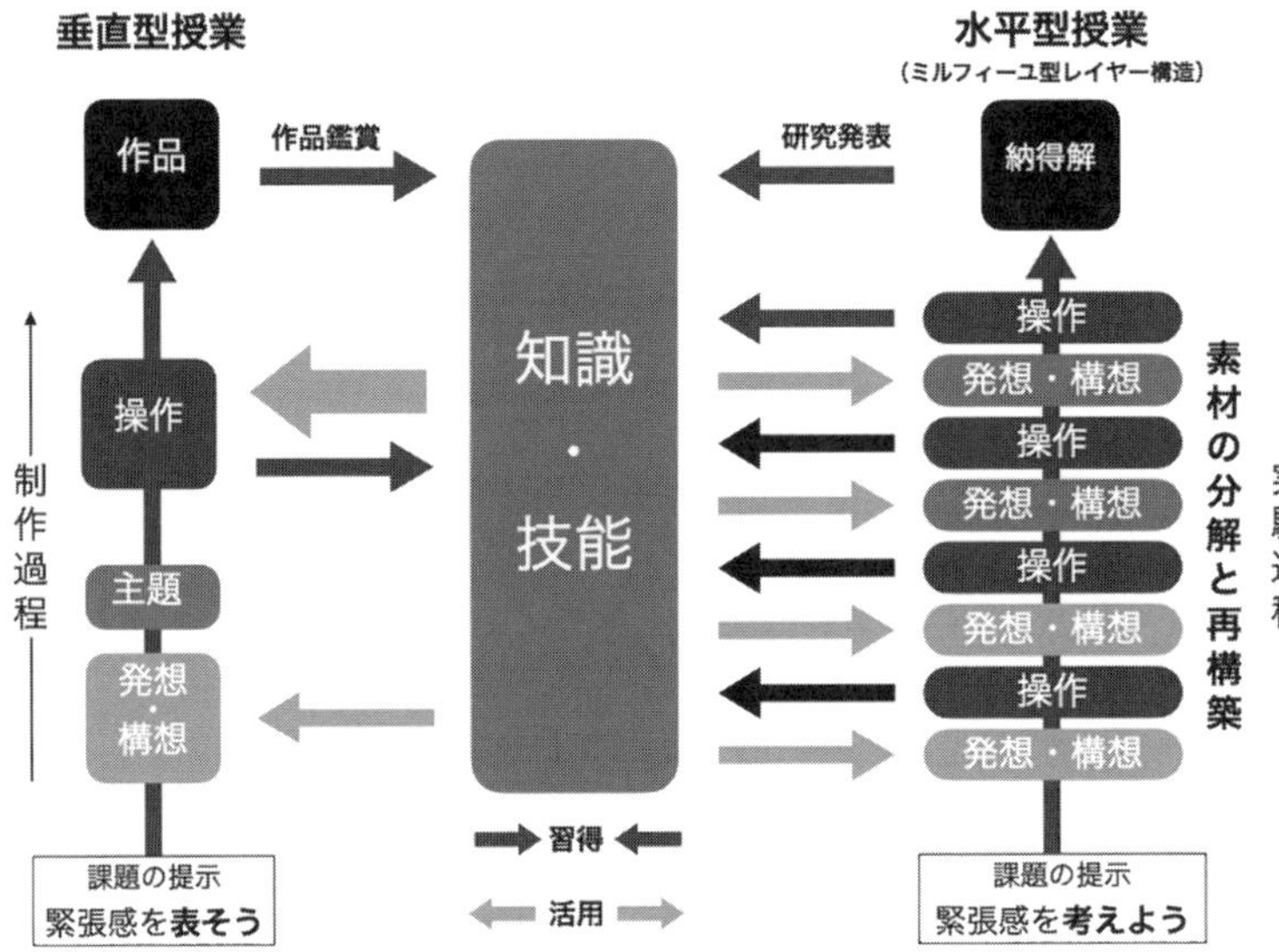

垂直型授業
作品
作品鑑賞
操作
主題
発想・構想
制作過程
課題の提示
緊張感を表そう
知識・技能
習得
活用
水平型授業
（ミルフィーユ型レイヤー構造）
研究発表
納得解
操作
発想・構想
素材の分解と再構築
実験過程
課題の提示
緊張感を考えよう

〔2〕垂直型授業（従来の授業）と水平型授業（造形実験）

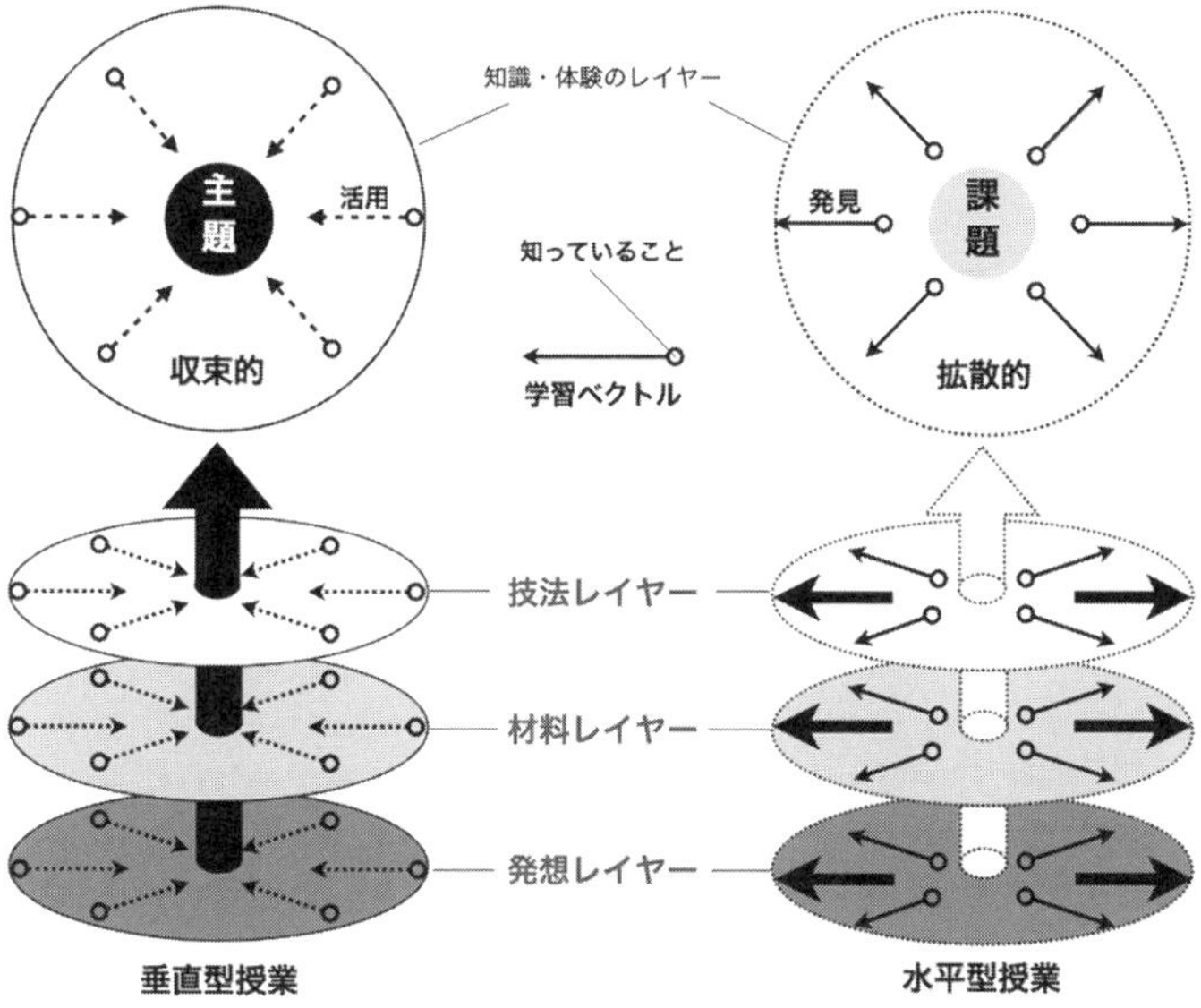

〔3〕各レイヤーにおける学習ベクトル（思考特性）

〔3〕は、それぞれの学習レイヤーで行われる学習者の学習ベクトル（思考特性）を図示したものである。造形実験は各レイヤーにおいて水平方向に考えを拡張し、展開していく授業であり、実験という試行錯誤を保証することによって拡散的な発想と、それに伴う挑戦的な造形体験が行われていくことを示している。

これまでの表現の授業（垂直型）でも、造形実験の研究テーマのように、感情を形や色彩で表現することを追究したり、音楽や言葉から生まれるイメージを絵に表したり、また、自画像などでも感情を表現する実験的な表現を探るなど、造形実験の水平型に見られるような思考特性を持った授業を制作過程の一部に取り入れた実践もあった。しかし、多くの生徒は、その時間を作品に表すために今まで学習した表現手段から最適な方法を探す時間と捉えており、既知の「知識・技能」の活用、すなわち「知っていることを使う」にとどまっていた。また、表し方も限られており、映像表現や、インスタレーション、鑑賞の探究による作品画像の収集や批評など、多様な手段で語ることはなかった。

一方、造形実験は、自ら問題解決の方法を考え、扱ったことのない材料を使ったり、新たな技法にチャレンジしたり、表現手段を工夫したりして研究テーマを探究していく学びであり、その探究方法と研究の成果は多様である。それは表現活動にとどまらず、鑑賞活動をも含む幅広い探究活動となり、その結果、様々な研究発表につながり、シェアできる知識の幅と量が大きく異なってくる。

造形実験にあてる授業時間数は、中学校一年次の後半に一〇時間程度を想定している。中学校美術の総時間数は一一五時間であり、そのうち造形実験は約一割程度を占めることになる。この一割程度の体験が、その後の美術の表現と鑑賞を大きく変えていく。よって、実施学年は第一学年後半での実施が効果的と考えている。また、小学校図画工作における「思いついたことをしてみる」という造形遊びの学び方を中学校に引き継ぎ、造形実験の時間を造形的な探究活動にするためにも早い段階で経験させたいと考えている。

第一学年は時間割の組み方によっては、二・三年次に比べて一〇時間多い授業時間数を有効に使えることもある。ただし、現行の学習指導要領では、「(1) 第1学年では、内容に示す各事項の定着を図ることを基本とし、一年間で全ての内容が学習できるように一題材に充てる時間数などについて十分検討すること。」[*16]と示されており、その点が懸案となるが、資質・能力の定着を考えた時、何を優先すべきかは今後の議論となってこよう。

今まで述べてきたように、この既知の「知識」や「技能」を主に活用する垂直型と、新たな挑戦を繰り返し試していく水平型の授業を比較した場合、新たな「知識」の獲得に向かっていく水平型授業の方が「知識」

の習得量は断然優位であろう。それは学習者が自分としての納得解を探すという造形的な探究に向かい、色彩や形などの造形的な特徴と自分の感情との一致を、手を動かしながら探り続けるからであり、その際に感情と言葉による記号接地が行われるからである。

造形実験は、これまで述べてきたように、限られた中学校美術科の時間数の中で、これからの時代に応じた資質・能力の育成を効率的に行う学びとして、作品をつくったり鑑賞したりする内容を身につけるコンテンツベースの授業から、資質・能力を育むコンピテンシーベースへの授業転換を推進する取り組みとなっていくのである。

造形実験の可能性—新領域の学びとして

〔共通事項〕の指導については、平成二〇年版、平成二九年版、ともに表現及び鑑賞の指導を通して指導すると書かれている。この〝指導を通して指導する〟という、「指導」が重複する書き方は、〔共通事項〕の内容である「知識」を、実体験を伴わない丸暗記で覚えることがないようにするための縛りである。先にも述べたが、美術の「知識」は身体を基盤として生まれる概念であり、このことから〔共通事項〕の指導は「A表現」と「B鑑賞」の指導を通して指導するとなっているのである。よって今までは〔共通事項〕だけの学びを取り出して題材化することはできないでいた。しかし、平成二九年版では〔共通事項〕が「知識」として目標と評価の対象となったことにより、目標を達成するための授業として直接〔共通事項〕を学ぶ授業づくりが可能になったと解釈することができる。すなわち〝造形実験は「知識」を重点的に学ぶ題材〟と言えるのである。

本書の七人の実践者の報告にもあるように、造形実験の活動は多様な探究方法を生み出し、その解も多様である。たとえば、高安弘大の実践（第7章）のように、「緊張感を考える」というテーマで、鑑賞活動を通して追究した事例もある。その活動の内容は鑑賞を通して自分が考える緊張感に対して最も近い作品を見つけ、その造形的な特徴がどのように緊張感を感じさせるのかを発表する内容であった。

クラス全員が鑑賞活動として取り組むのであれば、造形実験的アプローチによる「B鑑賞」の授業と位置づけることもできるが、美術の知識である〔共通事項〕を学習の主たる目的とした場合は、その学び方は「A表現」か「B鑑賞」に分けることなく、生徒個人の興味や関心に応じて、探究の手段を表現活動または鑑賞活動のどちらか、または臨機応変に行き来することも可能と考えられる。

南弥緒の実践（第6章）では、光の探究についてゴッホの作品を例示して探究していく生徒の様子が書かれている。このように、研究課題に対して生徒一人一人が表現か鑑賞かのどちらか一方を選択することをせず、自分の研究方法に適した探究の手段を選ぶことができる造形実験は、「A表現」、「B鑑賞」の二つの領域に分けられない新たな領域として位置づけられるのである〔4〕。

造形実験の学び方は、小学校の造形遊びの特徴である「身近にある自然物や

〔4〕造形実験の位置づけ

人工の材料、その形や色などから思い付いた造形活動を行う」という造形行為を目的とした活動に対し、造形実験は、明らかにしたい課題に対してどのような造形的な活動（実験）を思いつくかを考えて実験し、実験を通して自分としての意味や価値を見つけていく学びとなる。そして実験の探究過程から生まれる「知識」の実感的な理解を通して、それまでの概念を書き換えたり、新たな概念を構築したりしていく学習であると位置づけることができる。その活動は作品に表すことに執着しない、試行錯誤の探究過程そのものが学習であると言えるのである。

この新たな中学校美術における領域の提案は、美術教育の将来像と可能性を語る領域にもなってくる。それは、高度情報化社会を迎え、美術の多様な表現や解釈も生まれてきている中で、それらにも対応できる基礎的な資質・能力を身につける美術教育が必要となり、そこに従来のA表現とB鑑賞の二つの領域に分けられた造形体験にこだわることなく、新たな「知識」を生み出す学習体験として、挑戦的な造形実験の必要性が見えてくるのである。

3—造形実験のこれから

造形実験とデジタル的思考

急速に進む情報デジタル化社会は、社会構造の改変を伴いながら物事の考え方を一変させていくだろう。もちろん不易な価値は今まで通り変わらないが、流行としてのデジタル社会はその加速度を増していくに違いない。

このようなパラダイムシフトにおいて私たちは美術教育の在り方も問い直す必要が出てきた。これまでの美術の学びを再点検し、情報デジタル化社会に対して何が必要か、そして何ができるのか、そのための学びをどう構築していくのか、国民をまき込んだ議論が必要となってきた。それは単純に情報デジタル化社会に対応するための変革ではなく、情報デジタル化社会を生きる美術の本質的な学びを問い直す機会となるだろう。この問い直しは有史以来、人間が生み出してきた身体から生まれる感性的な造形活動の意義の再確認と、これからの美術教育の必要性を語るための根拠を得る問い直しになると考えている。さてここからは、情報デジタル化を推進させる美術科におけるデジタル及びデジタル的な思考、そして造形実験との関連を考察してみたいと思う。

美術は一般的に言語化しにくい感性や想像力を扱う教科であり、アナログ的な思考を中心とした教科と考えられているが、それは決してデジタル的な思考と相反するものでもない。デジタルとは連続的な量を、段階を区切って数字で表すことを言い、たとえば関数曲線のようななめらかな曲線はアナログ（連続）であるのに対して、デジタルはその曲線を一定の間隔で区切り、割りきった数値の0と

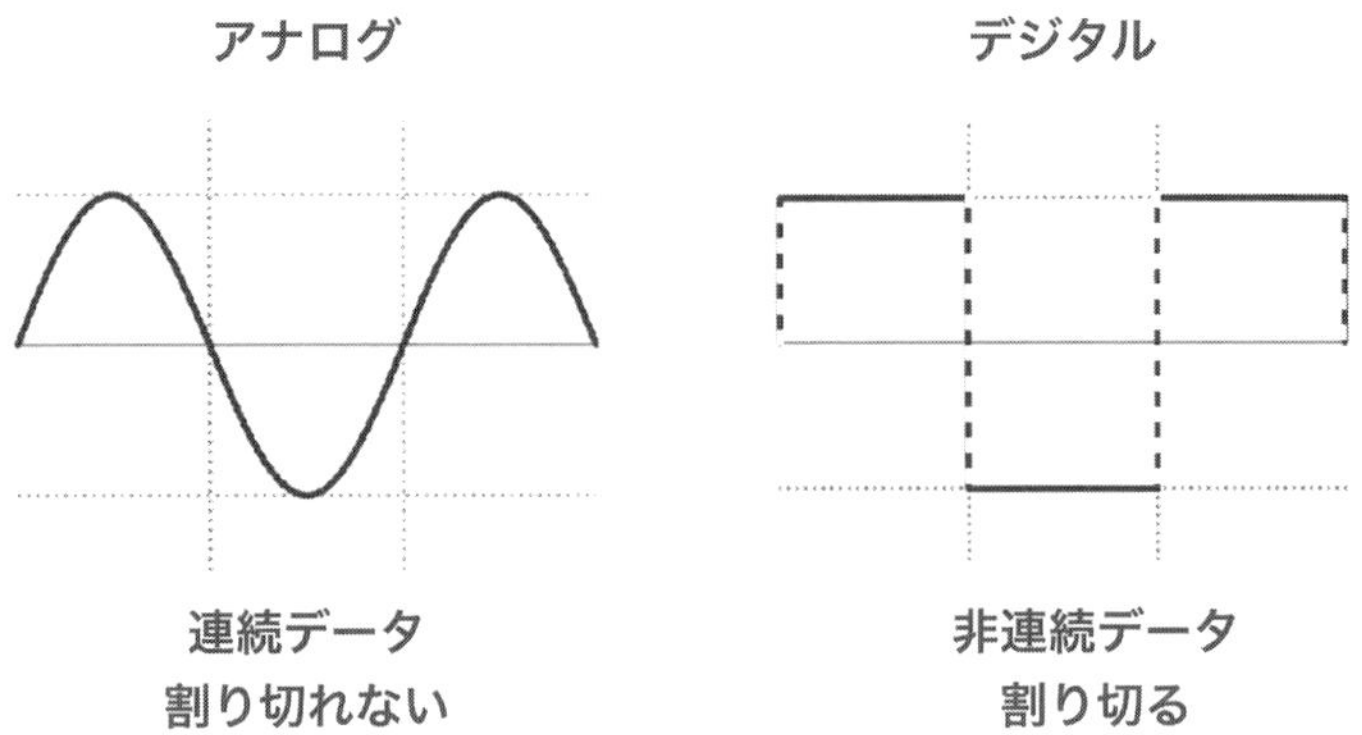

〔5〕アナログ的思考とデジタル的思考のイメージ比較

1で表す非連続となる〔5〕。

この二次元の図を三次元に置き換えて考えてみると、3Dプリンターから出力された立体が想像できるだろう。その立体は0と1のデジタル信号により出力された形態であり、手で触ると凹凸感が残っている。アナログに変換するには、その凹凸感をサンドペーパーで研磨し、なめらかな連続した曲面を出現させることとなる。最終仕上げは触って確認するという身体を通した感性的な判断による手仕事に頼らなければならない。その点がアナログであり人間らしい仕事となってくる。人の手で曲面を触り、なめらかさを感じ取り、判断していくこの微細な身体感覚は、実に素晴らしいものである。

案外、私たちは日常的にデジタル的な思考をしている。たとえば、彫像の制作において石や木を削る際に出現する形にその思考を確認することができる。彫刻をつくるという目的に合わせ自然から切り出された材料は、先ずは粗彫りとして材料を大まかな形に刻む。その形は内側に完成形を包み込んだ多面体として出現する。そして徐々に面を細かく分割し、完成形を掘り出していく。石や木を削る際には、有機的な曲面を平面情報に置き換え多面体として形を把握する方が全体を捉えやすい。粘土で形を作る際も同様だ〔6〕。このアナログ曲面を平面情報に置き換え、割り切って対象を捉える思考を、造形の制作プロセスに現れたデジタル的な思考と捉えてみたい。絵を描く際も、まずは対象を大きく捉え、大まかな構図を決め、下描きをし、基調となる色を下地として塗ったり、色面の大きな部分から描き始めたりしないだろうか。いきなり細部の描写から始める人は少ないのではなかろうか。

私たちはいったん、割り切れない対象を割り切ることで、対象の大まかな把握を容易にしている。このように制作のプロセスにおいて柔軟にデジタル的な思考を取り入れ、そこにアナログの感性を加えて考えを構

〔6〕粘土でレンコン（上）をつくる場合、大まかに形を切り出し（中）、次に形を整える（下）

築していくことは、取り立てて特別なこととは言えないのである。むしろ、積極的にデジタル的な思考を取り入れることにより、デジタルでは表現しきれない部分、つまり、デジタル化でこぼれ落ちてしまう微細な部分、言語化できない部分を明らかにし、そこに意識を向けていくことで人間ならではの感性の強みを見出していくことができるのである。つまりデジタル的な思考の導入により割り切ることのできない感性的な把握を必要とする微細な部分に意識を向けることができるようになる。

〔7〕は葛飾北斎の富嶽三十六景《神奈川沖浪裏》であるが、レゴブロックでつくられている。この作品は平面を立体的に捉え制作している。さて、このブロックの組み立ての作業を想像してみよう。実際に制作

〔7〕富嶽三十六景《神奈川沖浪裏》全景と波の部分
The Great Wave built by Jumpei Mitsui with LEGO® Bricks

者にどのように組み立てていったかは聞いていないが、波の有機的な曲線を細分化し直線に置きかえ、奥行き感などは想像を膨らませ、ブロックを組み合わせることで《神奈川沖浪裏》のイメージを立体作品として構築していったことは確かであろう。

ここでデジタルとデジタル的思考について、もう一度整理しておく。デジタルとは量を段階的に区切って表すことであり、特にコンピュータでは0と1で表す二進法を意味する。それに対してデジタル的思考とは、割り切れないものを割り切って捉えるという考え方であり、その考え方の特徴や思考の構造を意味している。

彫刻や絵画で対象を大きく捉え、平面や色面で割り切って対象を捉えることは、物質のデジタル的な把握であり目で見て確認しやすいが、一方、目に見えない思考・判断などの思考プロセス、たとえば美術の授業で、表現の過程で働くデジタル的な思考はなかなか確認しにくい。

西山圭太は『DXの思考法』で、デジタル的なプロセスは階層構造（レイヤー構造）をしていると言っている。[*17] 階層とは、美術の授業に置き換えると、活動内容が同じ学習活動のくくりになる。指導案では全体計画で「第1次…〇〇、第2次…〇〇」と区切ったり、一時間の中でも「導入・展開・まとめ」などの言葉でくくることができる同質の活動に該当する。それらを階層として捉えたい。

具体的に表現の授業で考えてみると、先ずは何を表すか主題を考える発想の階層。次に発想した主題に基づき構想し、どのように表すか考える階層。そして創造的に表す技能を発揮してイメージをもとに材料に関わり操作する階層。最後はできあがった作品を鑑賞し、その作品の価値を確認し、見方や感じ方を深めていく階層となるだろう。

これらの階層はさらにいくえもの層（レイヤー）に分けられ、たとえば技能を発揮してイメージをもとに材料に関わり操作する階層は、扱う材料や用具、技《わざ》などによって材料レイヤー、用具レイヤー、技法のレイヤーなどに分けることができる。そして階層を形成するレイヤーごとに0か1かの判断が下され、そのレイヤーが蓄積され階層を成し、さらに複数重なり制作が進んでいく〔8〕。造形行為としてはレイヤー構造を意識しないアナログ的な進み方と同じである。しかし、このようにデジタル的思考で捉えてみると、制作過程では各レイヤーで思考・判断が行われることが理解でき、その判断が積み重なって完成に到達することがわかる。デジタル的な思考の特徴は、制作を進めるにあたって必要なそれぞれの判断を各レイヤーに組み入れ、0か1かの選択を重ねる中で、判断を意識化していく学習の意識化と言えるのである。

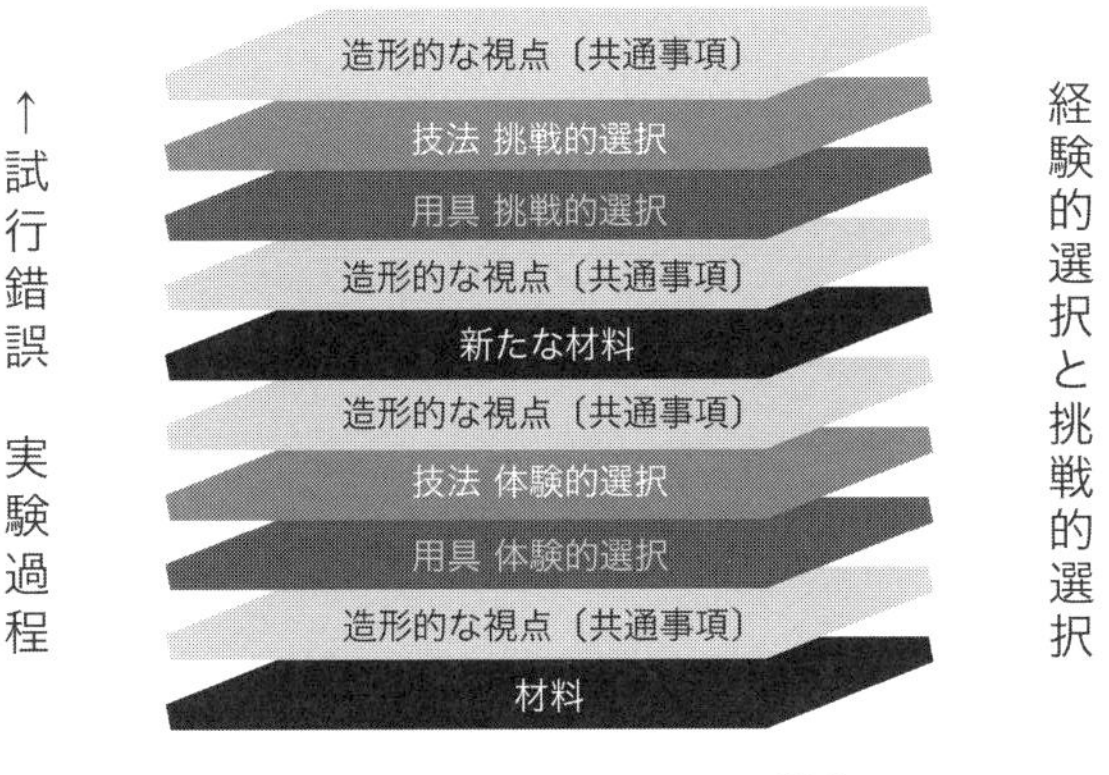

経験的選択と挑戦的選択
造形的な視点〔共通事項〕
技法 挑戦的選択
用具 挑戦的選択
造形的な視点〔共通事項〕
新たな材料
造形的な視点〔共通事項〕
技法 体験的選択
用具 体験的選択
造形的な視点〔共通事項〕
材料
↑試行錯誤 実験過程

〔8〕ミルフィーユのような階層によるレイヤー構造

「造形的な視点」とレイヤー

このようなデジタル的な思考で制作活動を捉え直してみると、「造形的な視点」がレイヤーとレイヤーの間に存在し、造形行為を進めていく上で必要な判断に関わっていることが理解できる。たとえば、材料のレイヤーでは材料が持つ性質や質感に意識を向けさせ、材料の質感を捉えさせたり、用具レイヤーや技法レイヤーでは用具や技法によって生み出される色彩や形などについて、美しいかどうかなど美的な判断を行ったりしている。この「造形的な視点」は制作の過程で前後のレイヤーの間に存在し、余白や空間の効果、立体感や遠近感、量感や動勢など、それぞれのレイヤーの特質に付随した「造形的な視点」となっていく。このような「造形的な視点」を持った〔共通事項〕自体をさらに一つのレイヤーと考えると、各レイヤー間にサンドイッチのように挟まれ加わっていくのである〔8〕。

造形実験は、表現では「発想や構想」や「創造的に表す技能」の階層を、鑑賞では造形的な分析や批評を通し見方や感じ方を深める「鑑賞の能力」の階層を、それぞれ単独の授業として抜き出して細分化し、その階層の中にある活動をレイヤー構造化し、各レイヤーでの思考・判断を意識的に重ねて再構築していく取り組みなのである。この細分化と再構築というデジタル的な思考を授業に取り入れることによって、今まで漠然と取り組んできた学習の過程が、よりいっそう〔共通事項〕を意識した授業に改変できると考えるのである。

このようにして意識化され習得された「知識」は、やがて活用を繰り返す中で概念的な知識へと移行し、そして、生成ＡＩやデジタル表現の際に入力に必要な言葉（テキスト）として活用できるようになっていく。また、体験から生まれた身体的な「知識」は、ＡＩによって生成された作品と、人間の手で生み出された作品との区別をつける際に「何か違う」という違和感を生む「知識」となっていく。ただし、この違和感も現時点ではそう言えるが、ＡＩの進歩はめまぐるしく、そのうち区別がつかなくなるかもしれない。

これまで述べてきたことであるが、デジタル的な思考とは、ものの捉え方、考え方を示している。たとえば「青」という色について、青を構成する個々の情報、鮮やかな青か、そうでない青か（彩度）。明るい青か、暗い青か（明度）。そして、赤っぽい青か、黄色っぽい青か（色味）…。そしてそれらの段階はどの位のレベルか。このように、捉えたい一つ一つの情報に対して、大きな情報から徐々に細かな意味に絞り込んでいく。その絞り込みにより、情報の精度を高めていくことができる。この絞り込みには言語（意識化）が伴う。

このようにデジタル的な思考とは、対象をいくつかの段階で割り切り、さらにその段階を個々の判断を必要とするレイヤー化し、各レイヤーにおける個別の判断を行うという考え方である。そしてその判断で得られた経験を知識化し、新たな「知識」を再構築して活用していく思考プロセスとなる。いわば、デジタル的思考は「対象の細分化と再構築」なのである。今まで思考・判断をアナログ的で連続的な活動として捉え、個別の判断を行うレイヤーの存在を意識してこなかった学習が、デジタル的な思考の導入で、各レイヤーにおける判断を意識化していく活動となり、その結果「知識」や「技能」を効率よく習得し活用できるようになるのである。

しかし、実際に授業でそこまで細かく指導ができるのであろうか?

細分化の精度が高くなればなるほど（レイヤーの数が多くなればなるほど）思考判断の回数は増えていく。それはデジタルカメラのセンサーと同じで、画素数が多くなればなるほど繊細な色や形の解像度が上がることに似ている。しかし画素数が増えれば、画像を処理するプロセッサーに負担がかかり処理に時間がかかる。場合によってはフリーズしてしまう。人間も同様だ。脳に負荷がかかりすぎて思考停止になる。

デジタル的思考で〔共通事項〕を捉える

細分化と再構築は、中学校学習指導要領 美術の〔共通事項〕、「ア」と「イ」にあてはめて考えることができる。〔共通事項〕は形や色彩、材料、光などの造形の要素に関わる「ア」の事項と、それらが再構築され全体のイメージや作風を持った「イ」の事項があり、そのどちらか一方の「知識」が独立して活用されるのではなく、「ア」「イ」が密接に連関し合って理解される「知識」であることをおさえておく。

〔共通事項〕ができた当時、村上尚徳元教科調査官は共通事項の「ア」と「イ」の関係を、「木を見る視点」と「森を見る視点」と説明していた。〔共通事項〕の「ア」は色彩や形などの個々の要素に着目し、それらの持つ性質や感情について捉えるという対象の細分化に該当する項目（木を見る）であり、「イ」はそれらが複雑に組み合わさってできた作品などの作風やイメージを捉えるという再構築の項目（森を見る）と言えよう。

この森を見る視点、「イ 造形的な特徴などを基に、全体のイメージや作風などで捉えることを理解すること。」については、先に述べた画素数とプロセッサーの問題、人間の脳の作業の限界を解決する能力として欠けている部分を全体のイメージや作風から脳が補い全体像を把握する能力と似ている。たとえば木が数本欠けていたところで森のイメージは変わらない。脳が欠けている部分を補完する能力は、よくクイズ番組で粗いモザイク画像や、一部のピースが欠けた画像を言い当てるものがあるが、それを思い浮かべてもらえるとわかりやすいだろう。

全体のイメージを捉える能力については、中学校学習指導要領 美術の「第3 指導計画の作成と内容の取扱い」に「〔共通事項〕の指導に当たっては、生徒が造形を豊かに捉える多様な視点をもてるように、以下の内容について配慮すること。」とあり、「イ〔共通事項〕のイの指導に当たっては、全体のイメージや作風などに着目して、次の事項を実感的に理解できるようにすること。」とある。そして（ア）と（イ）の二つの事項が示されている。（ア）は「造形的な特徴などを基に、見立てたり、心情などと関連付けたりして全体のイメージで捉えること。」（イ）は「造形的な特徴などを基に、作風や様式などの文化的な視点で捉えること。」という指導上のポイントが提示されている。その、見立てたり、心情と関連づけたり、また、作風や様式などの文化的な視点で捉えるという指導上のポイントは、欠けている内容の補完に使われるテクニックとして捉えることはできないだろうか。

さてここで、前章で述べた、学習指導要領実施状況調査であげられた以下の課題点、「〔共通事項〕の指導事項『ア 形や色彩、材料、光などの性質や、それらが感情にもたらす効果などを理解すること』については比較的理解できているが、『イ 造形的な特徴などを基に、全体のイメージや作風などで捉えることを理解すること』については十分とは言えない」という指摘について考えたい。指摘では「ア」はできているが「イ」が不足しているとしているが、課題は〔共通事項〕の「イ」の指導の不足だけではないのでは?という疑問が浮かんでくる。それは「ア」の「比較的できている」に包括され見えてこなかった、形と色彩の組み合わせ、光や材質の組み合わせなど、複数の「造形的な視点」が組み合わさった時に生まれる感情や性質の理解が不足しているという指摘もできるのである。

その理由として、先の「第3指導計画の作成と内容の取扱い」に示された「ア」の指導では、(ア)~(オ)の五つの事項が書かれている。前半の(ア)~(ウ)は「(ア)色彩の色味や明るさ、鮮やかさを捉えること。」「(イ)材料の性質や質感を捉えること。」「(ウ)形や色彩、材料、光などから感じる優しさや楽しさ、寂しさなどを捉えること。」と、個々の造形が持つ要素に細分化されている。それに対し、(エ)は「形や色彩などの組合せによる構成の美しさを捉えること。」、(オ)は「余白や空間の効果、立体感や遠近感、量感や動勢などを捉えること。」とある。この(オ)の立体感や遠近感、量感や動勢は造形的な素数ではなく、複数の形の重なりや、異なる造形の要素の組み合わせによって生まれる効果であり、二つ以上の造形の要素が組み合わさって生まれる造形のイメージである。よって、(エ)(オ)ともに、複数の造形の要素が組み合わさった視点を用いなければ感じられない要素となっている。
そのような見方をすると学習指導要領実施状況調査であげられた課題点は、細分化された個々の造形の要素の理解は比較的できているが、再構築された（二つ以上の要素が組み合わさってできた）ものについては、理解が不足していると捉えることができる。
このように対象の細分化と再構築というデジタル的な思考から〔共通事項〕の指導を捉え直すと、今まで見えてこなかった問題も見えてくる。

本論考のきっかけとなった『ＤＸの思考法』では、世界的に有名なスペインのレストラン「エルブジ」[*18]のつくり出す料理をデジタル的な思考として次のように紹介している。

エルブジのチームの作業は、様々な食材と調理のテクニックを蒐集しテストすることから始まる…エルブジのチームは世界中から食材を集めた。次に入手した食材を「いじる」。例えば同じアスパラガスでも、切り方、切り口、によって全く食感が変化する。そうして食材にひと手間を加える作業を様々な食材についてひたすら繰り返していく。それを通じて、例えばアスパラガスなら、アスパラガスの本質的な味（エルブジでは遺伝子と呼ぶ）と、それを表現する様々な切り方、かたちなどを表現型として整理していく。次に様々な調理方法、テクニックを試す。それは例えばスペイン料理では使うがフランス料理ではあまり使わないテクニックをあえてフランス料理の食材に当てはめることもあれば、かつては使われていたが今は忘れられた調理法を掘り起こす場合もある。

…ここまでくると、食材×テクニックという表のようなものができる。さらにそれらと組み合わせるソースもかけ合わる〔ママ〕。そうするとそれらから出来上がる料理の仮想候補リストのようなものが出来上がる。

このプロセスを見ると、たとえばアスパラガスという食材に対して様々な切り方や切り口を試すという素材の細分化と、調理法やソースとの合わせ方など、それぞれの細分化した要素を組み合わせて再構成することによって、世界でエルブジにしかできない料理が完成していくのがわかる。そこでは細分化された素材の特徴を知り得た者だけが、その知識を活用して、人々を魅了する見たこともないような料理を生み出すことができるのである。

私たちは、今まで取り組んでいたアナログ的で感覚的な活動に加え、対象の細分化と再構築というデジタル的な思考を学習プロセスに取り入れることで、「知識」を活用し、論理的に考え、その結果、イメージの再現性の向上を図ることを可能にすることができると考えるのである。

ＡＩと意識と美術

誰しも人間である以上、表現したいという本能的な欲求を持っている。生成ＡＩやデジタル社会の到来は、今まで美術を苦手としていた人々の表現を容易にするとともに、今後、美術の表現の仕方や伝達の方法を迅速に、かつ多様に変えていくだろう。

現時点ではＡＩを使って画像生成をするには、生成したいイメージを言葉にして入力しなくてはならない。かつては専門的なプログラミング言語が必要であったが、今日では日常会話の文章で入力することができる。ただし、自分の思い描いた情景を生成させるためには、ＡＩに微細なイメージを指示する言葉が必要となる。単に「青い空に白い雲が浮かんでいる」と入力しても、それは制作者の意にそぐわないイメージが生成されるであろう。表したいイメージに合わせるには、青の色味、雲の質感を伝える細かな情報を入力しなくてはならない。それには「青い空」や「白い雲」という表現の対象を「造形的な視点」で細分化し、言語化していく必要があるのである。つまり無限にある青の中で、表したい青が持つ他との違いを生み出す言葉、すなわち、体験から得た「知識」をどれだけ持っているか、そしてその「知識」を組み合わせて、自分の思い描くイメージを構築できるかが問われるのである。

前出の『情報を生み出す触覚の知性』の中で、渡邊淳司は文化人類学者グレゴリー・ベイトソンの言葉を引用し、言葉（情報）とは何かについて『『情報』（社会情報）を『差異（ちがい）を生み出す差異（ちがい）』』と紹介している。[*19]

たとえば青い空に白い雲が浮かんでいるという状況を説明する場合、空の色は赤や黄色などと異なる青色であるという第一の違いと、さらにはその青がほかの青とどこが違うのかという第二の違い（造形的な視点「知識」）、その合わさったものが情報であり、情報は「受け手の体系によって解釈され、受け手に価値を生み出すもの」[*20]と述べている。

自分のイメージに合った青を再現するためには、頭で思い描いた青を生成する情報を入力する必要があり、その青は、いつ、どんな時に、どのような条件下で見た、または感じた青なのか、その違いの色味や濃淡は？などの質感、身体感覚を伴った感情と結びついた言葉の入力が求められるのである。

今後生成ＡＩがアナログ表現に取って代わろうとするならば、デジタル表現は最終的に表現者が持つイメージにいかに近づけられるかが課題となるだろう。ＡＩが表現者の思い描く微妙な差異まで瞬時に選択肢として提示するようになれば、我々はＡＩに太刀打ちできなくなるだろう。

その時、デジタル表現とアナログ表現の差は、ただ単に絵の具の物質性の違いのみになっていく。それも高度なプリンターが出現すれば差はなくなるだろう。現時点では、まだ人の手によるアナログ表現の方がイメージの再現性が高いと信じているが、それは美術を学んできた私個人の見解で、デジタル表現の方が自分にとってはリアルだと感じている人も少なくはないだろう。

一方、生成ＡＩによってつくり出された情報を読み解く視点からは、生成ＡＩの情報に対して、その情報がいかに身体性を伴ったオリジナルなもの（ＡＩの産物を偽とするならば真）であるか見極める能力が求められる。この判断能力は、私たちが日頃何気なく感じることがある「違和感」という感情に集約できよう。「何か違う」「何かおかしい」という感覚的な違和感は、経験によって身体に刻み込まれた知識や記憶（意識）が発動するからであろう。テキストによって作り上げられた生成ＡＩの情報にはない、生身の身体が記憶している、情報との質の違いが判断の根拠となっていると考えることができる。

この身体に刻み込まれた記憶の質であり、対象を捉えた時に感じる意識を「クオリア」[*21]と言う。クオリアとは意識の内容であり質であり意識そのものであるが、『広辞苑 第七版』では、クオリアを「感覚的体験に伴う独特で鮮明な質感のこと。」と説明している。

能動的に意識を意識する言葉として「目に焼きつける」という言葉がある。目にしたものを強く記憶にとどめて忘れないようにする、見たものをしっかりと心に刻む、というような記憶にとどめ置くための心の動き（意識）を表した言葉であるが、目に焼きつけるという記憶固定の試みは、はっきりとした言葉でなくても、「あっ」とか「きれいだ」とか言葉を発することで、より印象深く記憶に刻まれはしないだろうか。それはもちろん声に出ない心の中でつぶやく内言でもかまわない。意識化・言語化とは、漠然と対象を捉えている状態、たとえば目に映ってはいるが、あるいは何かに触ってはいるが、その対象に意識が向かわない状態から、対象の存在に気づき（意識の始まり）、その存在から言葉が生まれ出る過程（意識の強化）が意識化・言語化であると捉えることができないだろうか。

意識の強化は心の中でのつぶやき（内言）から始まり、やがて口をついて出てくる言葉（外言）となっていく。ヴィゴツキーは「内言は思考の道具である」[*22]と言うが、その内言を増やす視点として、質感を問う「造形的な視点」が重要であることが見えてくる。「造形的な視点」を身につけることによって、色彩や形、質感や光などの視点から意識的に対象を捉え、そのことによりつぶやく言葉が生まれてくることは、誰もが経験上納得できるのではないだろうか。

このような、体験から生まれるクオリアを豊かにし、さらに記憶に刻み込むことで、私たちは対象を捉える際に、記憶から引き出される鮮明な質感を伴うイメージを持つことができるようになるのであろう。それらのイメージは必要に応じて呼び起こされ、私たちの想像を豊かにさせたり、物事の真偽の判断を支えたりしていく基盤となっていく。

今後、生成ＡＩの精度が高くなればなるほど、私たちが違和感として感じる質感の差が微細な違いにとどまり、その判断はますます難しくなっていく。生成ＡＩから出力された情報と、我々の体験を通して得た感覚情報の差を保ち続けるためには、我々の体験の質を高めていくしかなく、体験から生まれる豊かなクオリアを身体や記憶に刻む「知」への定着が重要となってくる。美術教育的視点からは「造形的な視点」を持つことにより、体験から生まれたクオリアの強い意識化が可能となると考えるのである。

生成ＡＩから生まれる造形は、今のところ主に視覚情報である。視覚だけでなく触覚や嗅覚などの身体の統合情報がクオリアであるが、生成ＡＩがつくり出す人間の欲望を視覚化した強烈な情報が、いつの間にか体験からもたらされるクオリアにすり替わって意識の中に定着しないことを切に願うのである。そのためにも、全身を使った身体的な体験の積み重ねが何より重要と考えている。

このように、これからの美術教育はＡＩと共存していく上で、これまでにない思考や判断が求められ、今まで以上に美的な体験を伴う身体を通した「知識」の習得が必要となってくる。これからのデジタル化、高度情報化社会を考えると、美術の「知識」は人間の思考や判断を支える重要な能力の一つとなるのである。そのような能力の獲得を目指す造形実験は「知識」の習得に重きを置いた学習活動であるとあらためて確認したい。

もちろん、実験過程では実験に伴う発想や構想の能力も求められ、材料との関わりでは創造的な技能も育つし新たな技法も習得できる。そして鑑賞の能力も必要となる。そもそも美術の学習では「知識・技能」と「思考力・判断力・表現力等」は分かちがたい関係を持っており、それらは一六〇頁の〔2〕のように、習得と活用という往還の中で育っていくものである。

造形実験は生徒一人一人が自分ごととしてイメージの探究を繰り返す中で、言葉と感情のつながり、身体的な知識の獲得（記号接地）の仕方を効率よく学べる学習なのである。

現時点ではまだ粗い論考しかできていないが、体験から生まれた感覚をいかに記憶に刻み込むかという点が「知識」の習得には必要であり、その「知識」が活用され新たな価値が生み出され、イノベーションにつながっていく。そのためには美術を学ぶことにより日常生活の中に溢れている造形的で美的な感覚体験を意識化し、その定着を図る能力を身につけることが重要となるだろう。

造形実験は手を動かし、試行錯誤を繰り返す中で、身体を通して言葉の意味を探究する活動であり、造形行為を通して対象へ働きかけ、そこから生まれる感覚や感情を意識し、言語化し、「知識」の身体化（基盤化）と概念の構築を学ぶ、これからの時代に必要な一つの学習活動になっていくのである。

＊註

1 「幼稚園、小学校、中学校、高等学校及び特別支援学校の学習指導要領等の改善及び必要な方策等について（答申）別紙」中央教育審議会、二〇一六年一二月二一日（中教審第一九七号）。

2 「中学校学習指導要領解説 美術編」第1章「総説」2 美術科改訂の趣旨と要点（2）改訂の要点、文部科学省、二〇一七（平成二九）年七月、六頁。

3 中央教育審議会　教育課程部会　芸術ワーキンググループ（第7回）配付資料（資料5）「知識」についての考え方のイメージ（たたき台）、二〇一六年四月二六日。

4 レベッカ・フィンチャー－キーファー（Rebecca Fincher-Kiefer）ゲティスバーグ大学教授（心理学）。

5 レベッカ・フィンチャー－キーファー『知識は身体からできている―身体化された認知の心理学』望月正哉・井関龍太・川﨑惠里子訳、新曜社、二〇二一年、まえがきiv頁。

6　渡邊淳司『情報を生み出す触覚の知性―情報社会をいきるための感覚のリテラシー』化学同人、二〇一四年、五四・五七頁。

7　「中学校学習指導要領解説 美術編」第2章「美術科の目標及び内容」 第2節 美術科の内容「1 内容の構成（3）〔共通事項〕」文部科学省、二〇一七（平成二九）年七月、三〇頁。

8　エリオット・W・アイスナー『美術教育と子どもの知的発達』仲瀬律久訳、黎明書房、一九八六年、二二―三〇頁。

9　国際団体ATC21s（Assessment and Teaching of 21st Century Skills）によって定められた、デジタル社会を生きるためのスキルで、創造性、批判的思考、コミュニケーション、協働性、情報リテラシーなどの能力。

10　「中学校学習指導要領解説 美術編」第1章「総説」2 美術科改訂の趣旨と要点（1）改訂の趣旨、文部科学省、二〇一七（平成二九）年七月、六頁。

11　同、第1章「総説」2 美術科改訂の趣旨と要点（2）改訂の要点、八頁。

12　同、第2章「美術科の目標及び内容」 第1節 美術科の目標「1 教科の目標」、一一頁。

13　同右。

14　二〇一一年「特定の課題に関する調査　美術」や、二〇一八年「平成二五年度 学習指導要領実施状況調査」において指摘されている。

15　学習指導要領実施状況調査などから、特に実現状況が低い〔共通事項〕の「イ」イメージを捉える造形的な視点として適切な研究テーマとして考えた。

16　「中学校学習指導要領 第2章 第6節 美術」第2 各学年の目標および内容〔第1学年〕3 内容の取扱い（1）、文部科学省、二〇一七（平成二九）年。

17　西山圭太『DXの思考法―日本経済復活への最強戦略』文藝春秋、二〇二一年、五五頁。

18　エルブジ（El Bulli）は、スペインにある世界一と評されたレストラン。一年のうち半年は料理の素材や調理方法などの多様な実験をし、その成果を生かして残りの半年はレストランとして革新的な料理を提供した。二〇一一年にレストランは閉店し研究所となる。エルブジが生み出した知識とその精神を引き継ぐために二〇一三年、レストランの博物館として〈elBulli1846〉がオープン。

19　註6、四一頁。

20　同右。

21　参考文献として土谷尚嗣『クオリアはどこからくるのか?――統合情報理論のその先へ』（岩波書店、二〇二一年）がある。

22　ヴィゴツキー『新訳版・思考と言語』柴田義松訳、新読書社、二〇〇一年。

おわりに

体験でしか伝わらない

美術嫌いの人に、美術のよさをどんなに説明しても、美術好きにすることはできない。美術の魅力を饒舌に語られても、嫌いな人はそんな話は聞きたくないだろう。長年多くの方々に美術の素晴らしさを語ってきたが、未だ越えられない壁がそこにはある。変容には魅力を実感できる体験が必要なのである。たとえ美術の素晴らしさをいくら優れた言葉で飾って説いたとしても、聞き手にイメージが湧かないかぎり理解できない話として終わってしまう。

しかしそのイメージが湧かない乾いた言葉も、聞き手が話し手と同じ体験をすれば、鮮やかにその風景が目の前に現れるだろう。ぱさぱさに乾燥してしまった苔は生気を失った無残な姿を現しているが、水を与えると鮮やかに再生する。この本の造形実験で述べられている言葉たちも、今は乾いた苔のように、読者の皆さんに実感の湧かない言葉として映っているかもしれないが、そこはぜひ皆さんの力で水を与えてほしいと願う。造形実験にチャレンジしてほしい。

「美術は体験でしか伝わらない」。それは、楽しい美術体験をつくり出してゆく美術教師の重要な心構えとして常に意識していきたい。人々の共感を得るには身体と切り離すことができない美術の学びが必要なのだ。本著では「造形的な視点」という言葉が頻出する。それは「造形的な視点」を持つことによって生き生きと蘇る感覚があるからだ。哲学者の中村雄二郎は『共通感覚論』で、共通感覚は視覚や触覚などの諸感覚の統合に関わる根源的な能力として人間の常識（コモン・センス）とも関連すると述べている。[*1] 言い換えると人間のコモン・センスは諸感覚の統合によって生み出されており、「造形的な視点」も統合に一役買っていると言えよう。そのように考えると、学校教育法で美術が「生活を明るく豊かにする」教科と定義づけられている理由も納得できる。そして、アイスナーの「われわれの諸感覚を生き生きとさせる役割」にもうなずける。[*2]

その諸感覚を活性化させる一つの視点である「造形的な視点」は、クオリアを強固にし、主に触覚や視覚が生み出す意識に働きかけ、体験によって生じる「独特で鮮明な質感」として記憶に固定してくれると考えられるのであるが、視点を持てない人は定着もままならず「知識」としての活用も十分にできないだろう。よって生活を明るく豊かにする恩恵も受けられないし、そもそも身につけていない人は、その魅力や必要性も自覚できないでいるだろう。まさに美術のよさは体験を通して実感的に理解し身につけるものなのである。

現代では言語化できない見えない能力より、数値化や言葉に置きかえられ比較できる学力が圧倒的に説得力を持っている。生成ＡＩもすべて言語でプログラミングされている。それらの科学的な知識は一六世紀以降、ガリレオ・ガリレイをはじめとする主観を排除した普遍性、論理性、客観性を持った現代科学によってここまで発展してきた。

一方、人間は感情の動物だと言われる。その人間がつくり出す社会は、科学の普遍性に対してそれぞれ固有な世界（文化）を持ち、かつ科学の明快な論理性に対して事物や解釈の多義性で理解される。つまり自然科学がもたらした客観性に対して、人間の身体が生み出す主観性を無視して社会は成り立たないと言えるのだ。よって、人の感情を蔑ろにして人類の発展はありえないし、そのような社会は誰もが望んでいないだろう。近年にわかに騒がれているＳＴＥＡＭ教育やデザイン思考などはその必要性が教育として外在化したものと言えるのではないだろうか。

これから重要なのは科学と芸術を同列に並べることである。そしてその両者の持つ異なる知に働きかけることができる接点を探していくことだろう。その点、「造形的な視点」から生まれる〔共通事項〕が、美術の「知識」として位置づけられたことは個人的に素晴らしいことだと思う。この〔共通事項〕は科学と美術の橋渡しになる可能性を含んでいると考えるからだ。

中村雄二郎は『臨床の知とは何か』において、知の異なった可能性を「臨床の知」として述べている。[*3] すでに三〇年以上前の本であるが、現代の知の在り方が主観を排した近代的科学のみでは先に進まないという中村の指摘に近づいてきている気がする。

今まで感性や想像力、情操という枠の中に位置づけられていた教科、「美術」の学びを、造形実験の可能性や、美術のデジタル的思考という視点から枠を越えるきっかけを示し、異なる知との橋渡しができるのではないかと考えるに至った。これまで述べてきたことは主観的だ、論理性に欠ける、と言われるかもしれないが、今まで長年にわたり美術教育の臨床を見続けてきた実感から、感じていること考えていることをこの本に書かせてもらった。

造形実験は臨床から生まれた理論であり、学校における美術の授業はこれからも、未来の美術教育を考える臨床となっていく。すべての美術教師は美術教育の研究者であり、日々の授業は豊かな社会を創る研究となっていくのである。

残された宿題

この本では、第1章で学習指導要領の視点から捉えた造形実験の意義、そして第2章〜第8章に造形実験に取り組んだ七人の先生の実践報告。第9章では造形実験の着想の原点である授業実践と、造形実験の必要性を考える「特定の課題に対する調査」及び「学習指導要領実施状況調査」、そして筆者が行っている「旅するムサビ」での対話鑑賞の取り組みで感じた問題意識をもとに、二〇一七（平成二九）年の学習指導要領の改訂を根拠に造形実験の取り組みに至った経緯を述べてきた。そして最後の第10章に造形実験の構造と、これから向かう情報デジタル化、意識と意識化について述べてみた。

造形実験の取り組みは二〇二四（令和六）年度で五年目となり、今まで取り組んできた各教員からの成果が蓄積されてきている。そして、造形実験に期待される内容は、美術の「知識」としての〔共通事項〕の習得だけにとどまらない学びとなっていることも各実践報告から見えてきている。最後に、そこから生まれた新たな仮説について述べ本著のまとめとしたい。

仮説1「造形実験は表現と鑑賞を充実させる美術の新たな基礎領域となる」

現行の学習指導要領の構造では、内容が「A表現」と「B鑑賞」の二領域に分けられ、〔共通事項〕に関する指導は、「A表現」及び「B鑑賞」の指導を通して指導するとなっている。〔共通事項〕は「A表現」及び「B鑑賞」の双方に共通して働く造形の要素としての位置づけである。この「A表現」と「B鑑賞」の二つの領域は、活動内容の違いから領域として分けているが、「造形実験」は表現と鑑賞の両領域に関わる〔共通事項〕を効果的に学ぶ新領域としての可能性を持っている。小学校では造形遊びが表現領域の中に位置づけられ、思いついたことをもとにどのように活動するかという、活動することが目的となっている。造形実験では、どのような造形的な実験をするかが学びの手段となり、作品に表すことに執着しない探究の過程が学習活動そのものとなる。造形実験を新領域として中学校美術に位置づけることにより、懸案である図画工作から美術への学習のつながりもスムーズになり、小学校での造形遊びの学びが中学校美術の探究活動に、効果的に生かせることにもなるだろう。

仮説2「造形実験はこれからの時代に必要なデジタル的思考を学べる学習となる」

造形実験は全く新しい考え方ではなく、時代の要請に応じて、これまでの学び方や学ぶ目的を再考した結果、導き出された実践理論である。美術教育が一八五二年にイギリスのロンドン市内の公立中学校で学校教育に登場して以来[*4]、その歴史はまだ一七〇年そこそこである。今までも美術教育は時代とともにその目的や手法も変化してきた。よって変化を恐れる必要はないし、頑なに現状を維持することは美術教育の消滅を意味する。美術教育実践者は、果敢に次世代の美術教育を模索しなくてはならないのである。その点では、創造性はまさに美術教育に求められているのである。

教育の最前線は教室にある。新たな理念や教育方法が正しいか正しくないかは、実践の蓄積によってのみ明らかにされていくだろう。現時点でできることは、学習指導要領という理念の建物を改修するか改築するか、または増築するかであろう。建物を壊して更地にすることは教育の放棄につながる。

さて、この二つの仮説以外にもＳＴＥＡＭ教育としての造形実験の可能性や位置づけも考える必要があろう。日本ではＳＴＥＡＭの「Ａ」をリベラルアーツとしているが、個人的にはジョン・マエダの提唱した「Ａ」をアートとするＳＴＥＡＭ教育に賛同し、特に造形教育で培われる批判的思考（批評）の役割に可能性を感じる。

その批判的な思考には違和感を生む身体化された「知識」が必要であり、そのような知識の習得手段として造形実験への期待はさらに膨らむのである。そして造形実験の活動は、理科や数学、社会や国語、体育や音楽という様々な教科で得た知識を活用して展開されていく。その点ＳＴＥＡＭ教育そのものだと言えるのだ。

この造形実験と二つの仮説の実証は、全国の美術教育に携わる先生たちによって今後明らかにされていくだろう。美術は未来をつくり出す教科だと信じるのであれば、大いにこの『造形実験』を批判的に読んでもらいたいし、その反論を、実践を通して実証してほしい。また共感するのであれば、実践を通して現時点で造形実験の欠けている部分を補塡し、さらに説得力を持った美術の学びとしての理論を構築していってほしい。

あらためて、学びは時代によって変化し続けるものである。変化のはげしい激動の現在だからこそ、美術教育は未来に生きる子どもたちのために、新たなチャレンジが求められている。

研究は一人の力では限界がある。しかし、全国の中学校を見渡せば六〇〇〇人もの美術教師がいる。日々教壇に立ち努力されている全国の先生に敬意を示して『造形実験』のまとめとしたい。

最後に、「三澤先生、『還暦本』を書きませんか。『造形実験』で！」と背中を押していただき、編集に携わっていただいた武蔵野美術大学出版局の木村公子さん、また造形実験につき合っていただいた小西悟士先生ほか『造形実験』の執筆者の先生がた、そして、今、造形実験に取り組んでいただいている現場の先生、そして今まで様々な議論をさせていただいた数多くの皆様と元文部科学省視学官で京都市立芸術大学客員教授の東良雅人さんに心よりお礼を申しあげます。

二〇二四年五月

三澤一実

＊註

1　中村雄二郎『共通感覚論』岩波現代選書、一九七九年、七頁。
2　エリオット・W・アイスナー『美術教育と子どもの知的発達』仲瀬律久ほか訳、黎明書房、一九八六年、二五頁。
3　中村雄二郎『臨床の知とは何か』岩波新書、一九九二年、一〇頁。
4　石崎和宏『フランツ・チゼックの美術教育論とその方法に関する研究』建帛社、一九九二年。

著者略歴（執筆順）

三澤一実（みさわ・かずみ）
東京藝術大学大学院修士課程修了。埼玉県公立中学校教諭、埼玉県立近代美術館主査、文教大学教育学部准教授を経て、二〇〇八年より武蔵野美術大学教授。旅するムサビ主宰（グッドデザイン賞二〇一七受賞）。「小学校学習指導要領解説 図画工作編」作成協力者（二〇〇八年）、「中学校学習指導要領解説 美術編」作成協力者（二〇一七年）。研究領域：美術教育、鑑賞教育。編著『美術の授業のつくりかた』（武蔵野美術大学出版局、二〇二〇年）ほか。

東良雅人（ひがしら・まさひと）
大阪芸術大学美術学科卒業。京都市立中学校美術科教員、小学校図画工作科専科教員、京都市教育委員会指導主事を経て、文部科学省初等中等教育局視学官、文化庁参事官（芸術担当）付教科調査官、国立教育政策研究所教育課程調査官を務める。現在、京都市立芸術大学客員教授、京都市総合教育センター指導室長、一般社団法人日本教材備品協会理事。

小山美香子（こやま・みかこ）
女子美術短期大学造形科造形科絵画教室卒業。長野県伊那市立伊那中学校教諭。執筆に「造形実験だからできる 題材の可能性」『造形 JOURNAL』No.440（開隆堂、二〇二一年）ほか、「『造形実験』の試み─中学校美術科授業における全く新しい学習指導─」で信濃教育会 令和四年度 第二六回教育研究論文・教育実践賞 個人の部 特選を受賞。

小西悟士（こにし・さとし）
武蔵野美術大学造形学部空間演出デザイン学科ファッションデザインコース卒業。同研究室助手を経てアパレル会社に勤務後、二〇〇八年より教職につく。二〇一九年より埼玉大学教育学部附属中学校教諭。うらわ美術館「はみ出す力展─図工・美術の授業展 2019-2022─」企画。論文「中学校美術教育における共通領域「造形実験」の提案」三澤一実・小西悟士・大黒洋平（『日本美術教育研究論集』第五五号）、「造形実験─緊張感を考える─」（同五六号）ほか。

田中真二朗（たなか・しんじろう）
宮城教育大学大学院修了。宮城県私立高校非常勤講師、秋田県公立中学校教諭を経て、二〇二二年四月より秋田県大仙市立中仙中学校教諭。教育課程 研究指定校（国立教育政策研究所、平成二六―二八年度指定）。単著『造形的な見方・考え方を働かせる 中学校美術題材＆授業プラン36』（明治図書出版、二〇一九年）。共著『美術の授業のつくりかた』（武蔵野美術大学出版局、二〇二〇年）。

大黒洋平（だいこく・ようへい）
武蔵野美術大学造形学部芸術文化学科卒業。東京都教育研究員中学校美術（二〇一九年）、国立美術館の所蔵作品を活用するウェブサイト「鑑賞素材ＢＯＸ」開発協力（二〇二〇年）、小笠原村立母島中学校にて東京国立近代美術館及び京都国立近代美術館とのオンライン鑑賞授業（二〇二〇―二〇二一年）。文京区立第九中学校主任教諭。共著『美術の授業のつくりかた』（武蔵野美術大学出版局、二〇二〇年）。

南　弥緒（みなみ・みお）
文化女子大学家政学部生活造形学科学士課程修了。共著：文部科学省検定中学校教科書『美術1』『美術2・3』（開隆堂出版、二〇一五年、二〇二〇年）。都立三鷹中等教育学校指導教諭。

高安弘大（たかやす・ひろとも）
弘前大学大学院修士課程修了。美術を通した学校と地域の連携を研究テーマとしている。青森県内の公立中学校勤務を経て、二〇二二年より青森市教育委員会指導主事。共著『美術の授業のつくりかた』（武蔵野美術大学出版局、二〇二〇年）。

鈴木彩子（すずき・あやこ）
埼玉大学教育学部卒業。二〇〇九年の一年間、埼玉県長期派遣研修教員として武蔵野美術大学三澤一実研究室で学び、以来、子どもたち一人一人が自らの人生を豊かに創造する力を身につけることを目指し教育活動にあたる。埼玉県公立中学校美術教諭、教頭を経て、埼玉県立総合教育センター主任指導主事。

造形実験　新しい美術の授業を始めよう！

二〇二四年七月三〇日　初版第一刷発行

編者　三澤一実
著者　三澤一実　東良雅人　小山美香子　小西悟士　田中真二朗
大黒洋平　南弥緒　高安弘大　鈴木彩子

発行者　長澤忠徳
発行所　武蔵野美術大学出版局
〒一八七―八五〇五
東京都小平市小川町一―七三六
電話　〇四二―三四二―五五一五（営業）
〇四二―三四二―五五一六（編集）

印刷　TOPPAN株式会社

定価はカバーに表記してあります
乱丁・落丁本はお取り替えいたします

ISBN978-4-86463-166-2 C3037　Printed in Japan